TRAITÉ

DE

LA VIE ÉLÉGANTE

PARIS. — IMP. SIMON RAÇON ET COMP., RUE D'ERFURTH. 1.

H. DE BALZAC

TRAITÉ

DE LA

VIE ÉLÉGANTE

PARIS
LIBRAIRIE NOUVELLE
15, BOULEVARD DES ITALIENS, EN FACE DE LA MAISON DORÉE

1855

PREMIÈRE PARTIE.

GÉNÉRALITÉS

Mens agitat molem.
VIRGILE.

L'esprit d'un homme se devine à
la manière dont il porte sa canne.
TRADUCTION FASHIONABLE

CHAPITRE PREMIER.

PROLÉGOMÈNES.

————

, La civilisation a échelonné les hommes sur trois grandes lignes... Il nous aurait été facile de colorier nos catégories à la manière de M. Charles Dupin; mais, comme le charlatanisme serait un contre-sens dans un ouvrage de philosophie chrétienne, nous nous dispenserons de mêler la peinture aux X de l'algèbre, et nous tâcherons, en professant les doctrines les plus secrètes de la vie élégante, d'être compris même de nos antagonistes, les gens en bottes à revers.

Or les trois classes d'êtres créés par les mœurs modernes sont :

L'homme qui travaille ;

L'homme qui pense ;

L'homme qui ne fait rien.

De là trois formules d'existence assez complètes pour exprimer tous les genres de vie, depuis le roman poétique et vagabond du *bohème* jusqu'à l'histoire monotone et somnifère des rois constitutionnels :

La vie occupée ;

La vie d'artiste ;

La vie élégante.

§ 1.

DE LA VIE OCCUPÉE.

Le thème de la *vie occupée* n'a pas de variantes. En faisant œuvre de ses dix doigts, l'homme abdique toute une destinée ; il devient un moyen, et, malgré toute notre philanthropie, les résultats obtiennent seuls notre admiration. Partout l'homme va se pâmant devant quelques tas de pierres, et, s'il se souvient de ceux qui les ont amoncelés, c'est pour les accabler de sa pitié ; si l'architecte lui apparaît encore comme une grande pensée, ses ouvriers ne sont plus que des espèces de treuils et restent confondus avec les brouettes, les pelles et les pioches.

Est-ce une injustice? non. Semblables aux machines à vapeur, les hommes enrégimentés par le travail se produisent tous sous la même forme et n'ont rien d'individuel. L'homme-instrument est une sorte de zéro social, dont le plus grand nombre possible ne composera jamais une somme, s'il n'est précédé par quelques chiffres.

Un laboureur, un maçon, un soldat, sont les fragments d'uniformes d'une même masse, les segments d'un même cercle, le même outil dont le manche est différent. Ils se couchent et se lèvent avec le soleil ; aux uns, le chant du coq ; à l'autre, la diane; à celui-ci, une culotte de peau, deux aunes de drap bleu et des bottes ; à ceux-là, les premiers haillons trouvés ; à tous, les plus grossiers aliments : battre du plâtre ou battre des hommes, récolter des haricots ou des coups de sabre, tel est, en chaque saison, le texte de leurs efforts. Le travail semble être pour eux une énigme dont ils cherchent le mot jusqu'à leur dernier jour. Assez souvent le triste *pensum* de leur existence est récompensé par l'acquisition d'un petit banc de bois où ils s'asseyent à la porte d'une chaumière, sous un sureau poudreux, sans craindre de s'entendre dire par un laquais :

« Allez-vous-en, bonhomme! nous ne donnons aux pauvres que le lundi. »

Pour tous ces malheureux la vie est résolue par *du pain dans la huche*, et l'élégance, par un bahut où il y a des hardes.

Le petit détaillant, le sous-lieutenant, le commis-rédacteur, sont des types moins dégradés de la vie occupée; mais leur existence est encore marquée au coin de la vulgarité. C'est toujours du travail et toujours le treuil : seulement le mécanisme en est un peu plus compliqué, et l'intelligence s'y engrène avec parcimonie.

Loin d'être un artiste, le tailleur se dessine toujours, dans la pensée de ces gens-là, sous la forme d'une impitoyable facture : ils abusent de l'institution des faux cols, se reprochent une fantaisie comme un vol fait à leurs créanciers, et, pour eux, une voiture est un fiacre dans les circonstances ordinaires, un remise les jours d'enterrement ou de mariage.

S'ils ne thésaurisent pas comme les manouvriers, afin d'assurer à leur vieillesse le vivre et le couvert, l'espérance de leur vie d'abeille ne va guère au delà : car c'est la possession d'une chambre bien froide, au quatrième, rue Boucherat; puis une capote et des gants de percale écrue pour la femme; un chapeau gris et une demi-tasse de café pour le mari; l'éducation de Saint-Denis ou une demi-bourse pour les en-

fants, du *bouilli* persillé deux fois la semaine
pour tous. Ni tout à fait zéros ni tout à fait
chiffres, ces créatures-là sont peut-être des dé-
cimales.

Dans cette cité *dolente*, la vie est résolue par
une pension ou quelques rentes sur le grand-li-
vre, et l'élégance par des draperies à franges,
un lit en bateau et des flambeaux sous verre.

Si nous montons encore quelques bâtons de
l'échelle sociale, sur laquelle les gens occupés
grimpent et se balancent comme des mousses
dans les cordages d'un grand bâtiment, nous
trouvons le médecin, le curé, l'avocat, le no-
taire, le petit magistrat, le gros négociant, le ho-
bereau, le bureaucrate, l'officier supérieur, etc.

Ces personnages sont des appareils merveilleusement perfectionnés, dont les pompes, les
chaînes, les balanciers, dont tous les rouages,
enfin, soigneusement polis, ajustés, huilés, ac-
complissent leurs révolutions sous d'honorables
caparaçons brodés. Mais cette vie est toujours
une vie de mouvement où les pensées ne sont
encore ni libres ni largement fécondes. Ces
messieurs ont à faire journellement un certain
nombre de tours inscrits sur des *agenda*. Ces
petits livres remplacent les *chiens de cour* qui
les harcelaient naguère au collége, et leur re-
mettent à toute heure en mémoire qu'ils sont
les esclaves d'un être de raison mille fois plus
capricieux, plus ingrat qu'un souverain.

Quand ils arrivent à l'âge de repos, le sentiment de la *fashion* s'est oblitéré, le temps de l'élégance a fui sans retour. Aussi la voiture qui les promène est-elle à marchepieds saillants à plusieurs fins, ou décrépite comme celle du célèbre Portal. Chez eux, le préjugé du cachemire vit encore ; leurs femmes portent des rivières et des girandoles ; leur luxe est toujours une épargne ; dans leur maison tout est *cossu*, et vous lisez au-dessus de la loge : — Parlez au suisse. — Si dans la somme sociale ils comptent comme chiffres, ce sont des unités.

Pour les parvenus de cette classe, la vie est résolue par le titre de baron, et l'élégance par un grand chasseur bien emplumé ou par une loge à Feydeau.

Là cesse la vie occupée. Le haut fonctionnaire, le prélat, le général, le grand propriétaire, le ministre, le valet* et les princes sont dans la catégorie des oisifs et appartiennent à la vie élégante.

Après avoir achevé cette triste autopsie du corps social, un philosophe éprouve tant de dégoût pour les préjugés qui amènent les hommes à passer les uns près des autres en s'évitant comme des couleuvres, qu'il a besoin de se

---

* Le valet est une espèce de bagage essentiel à la vie élégante.

dire : — Je ne construis pas à plaisir une nation, je l'accepte toute faite.

Cet aperçu de la société, prise en masse, doit
aider à concevoir nos premiers aphorismes, que
nous formulons ainsi :

I

Le but de la vie civilisée ou sauvage est le
repos.

II

Le repos absolu produit le *spleen*.

III

La vie élégante est, dans une large acception
du terme, l'art d'animer le repos.

IV

L'homme habitué au travail ne peut comprendre la vie élégante.

V

Corollaire. Pour être *fashionable*, il faut jouir
du repos sans avoir passé par le travail : autrement, gagner un quaterne, être fils de millionnaire, prince, sinécuriste ou cumulard.

§ II.

DE LA VIE D'ARTISTE.

L'artiste est une exception : son oisiveté est un travail, et son travail un repos ; il est élégant et négligé tour à tour ; il revêt, à son gré, la blouse du laboureur, et décide du frac porté par l'homme à la mode ; il ne subit pas de lois : il les impose. Qu'il s'occupe à ne rien faire, ou médite un chef-d'œuvre, sans paraître occupé ; qu'il conduise un cheval avec un mors de bois, ou mène à grandes guides les quatre chevaux d'un britschka ; qu'il n'ait pas vingt-cinq centimes à lui, ou jette de l'or à pleines mains, il est toujours l'expression d'une grande pensée et domine la société.

Quand M. Peel entra chez M. le vicomte de Chateaubriand, il se trouva dans un cabinet dont tous les meubles étaient en bois de chêne : le ministre trente fois millionnaire vit tout à coup les ameublements d'or ou d'argent massif qui encombrent l'Angleterre écrasés par cette simplicité.

L'artiste est toujours grand. Il a une élégance et une vie à lui, parce que, chez lui, tout

reflète son intelligence et sa gloire. Autant
d'artistes, autant de vies caractérisées par des
idées neuves. Chez eux, la *fashion* doit être
sans force : ces êtres indomptés façonnent tout
à leur guise. S'ils s'emparent d'un magot, c'est
pour le transfigurer.

De cette doctrine se déduit un aphorisme européen :

VI

Un artiste vit comme il veut, ou... comme il
peut.

§ III.

DE LA VIE ÉLÉGANTE.

Si nous omettions de définir ici la vie élégante, ce traité serait infirme. Un traité sans dé-
finition est comme un colonel amputé des deux
jambes : il ne peut plus guère aller que cahin-
caha. Définir, c'est abréger : abrégeons donc.

Définitions.

La vie élégante est la perfection de la vie extérieure et matérielle ;
Ou bien :

L'art de dépenser ses revenus en homme d'esprit ;

Ou encore :

La science qui nous apprend à ne rien faire comme les autres, en paraissant tout faire comme eux ;

Mais mieux peut-être :

Le développement de la grâce et du goût dans tout ce qui nous est propre et nous entoure ;

Ou plus logiquement :

Savoir se faire honneur de sa fortune.

Selon notre honorable ami, E. de G...., ce serait :

La noblesse transportée dans les choses.

D'après P.-T. Smith :

La vie élégante est le principe fécondant de l'industrie.

Suivant M. Jacotot, un traité sur la vie élégante est inutile, attendu qu'il se trouve tout entier dans *Télémaque*. (Voir la *Constitution de Salente*.)

A entendre M. Cousin, ce serait dans un ordre le pensées plus élevé :

« *L'exercice de la raison, nécessairement ac-*
« *compagné de celui des sens, de l'imagination*
« *et du cœur, qui, se mêlant aux institutions*
« *primitives, aux illuminations immédiates de*
« *l'animalisme, va teignant la vie de ses cou-*
« *leurs.* » (Voyez, page 44 du *Cours de l'his-*
toire de la Philosophie, si le mot *vie élégante*

n'est pas véritablement celui de ce rébus.)

Dans la doctrine de Saint-Simon :

La vie élégante serait la plus grande maladie dont une société puisse être affligée, en partant de ce principe : « Une grande fortune est un vol. »

Suivant Chodruc :

Elle est un tissu de frivolités et de billevesées.

La vie élégante comporte bien toutes ces définitions subalternes, périphrases de notre aphorisme III ; mais elle renferme, selon nous, des questions plus importantes encore, et, pour rester fidèle à notre système d'abréviation, nous allons essayer de les développer.

Un peuple de riches est un rêve politique impossible à réaliser. Une nation se compose nécessairement de gens qui produisent et de gens qui consomment. Comment celui qui sème, plante, arrose et récolte, est-il précisément celui qui mange le moins ? Ce résultat est un mystère assez facile à dévoiler, mais que bien des gens se plaisent à considérer comme une grande pensée providentielle. Nous en donnerons peut-être l'explication plus tard, en arrivant au terme de la voie suivie par l'humanité. Pour le moment, au risque d'être accusé d'aristocratie, nous dirons franchement qu'un homme placé au dernier rang de la société ne doit pas plus demander compte à Dieu de sa destinée qu'une huître de la sienne.

Cette remarque, tout à la fois philosophique et chrétienne, tranchera sans doute la question aux yeux des gens qui méditent quelque peu les chartes constitutionnelles, et, comme nous ne parlons pas à d'autres, nous poursuivrons.

Depuis que les sociétés existent, un gouvernement a donc toujours été nécessairement un contrat d'assurance conclu entre les riches contre les pauvres. La lutte intestine produite par ce prétendu partage *à la Montgommery* allume chez les hommes civilisés une passion générale pour la *fortune*, expression qui prototype toutes les ambitions particulières : car du désir de ne pas appartenir à la classe souffrante et vexée dérivent la noblesse, l'aristocratie, les distinctions, les courtisans, les courtisanes, etc.

Mais cette espèce de fièvre qui porte l'homme à voir partout des mâts de cocagne et à s'affliger de ne s'y être juché qu'au quart, au tiers ou à moitié, a forcément développé l'amour-propre outre mesure et engendré la vanité. Or, comme la vanité n'est que l'art de s'endimancher tous les jours, chaque homme a senti la nécessité d'avoir, comme un échantillon de sa puissance, un signe chargé d'instruire les passants de la place où il perche sur le grand mât de cocagne, au sommet duquel les rois font leurs exercices. Et c'est ainsi que les armoiries, les livrées, les chaperons, les cheveux longs, les girouettes, les talons rouges, les mitres, les colombiers, le carreau à l'église et l'encens par le nez, les particules, les rubans, les diadèmes, les mouches, le rouge, les couronnes, les souliers à la poulaine, les mortiers, les simares, le menu veir, l'écarlate, les éperons, etc., etc., étaient successivement devenus des signes matériels du plus ou du moins de repos qu'un homme pouvait prendre, du plus ou du moins de fantaisies qu'il avait le droit de satisfaire, du plus ou moins d'hommes, d'argent, de pensées, de labeurs, qu'il lui était possible de gaspiller. Alors un passant distinguait, rien qu'à le voir, un oisif d'un travailleur, un chiffre d'un zéro.

Tout à coup la Révolution, ayant pris d'une main puissante toute cette garde-robe inventée par quatorze siècles, et l'ayant réduite en papier-monnaie, amena follement un des plus grands malheurs qui puissent affliger une nation. Les gens occupés se lassèrent de travailler tout seuls ; ils se mirent en tête de partager la peine et le profit, par portion égale, avec de malheureux riches qui ne savaient rien faire, sinon se gaudir en leur oisiveté !...

Le monde entier, spectateur de cette lutte, a vu ceux-là mêmes qui s'étaient le plus affolés de ce système le proscrire, le déclarer subversif, dangereux, incommode et absurde, sitôt que, de travailleurs, ils se furent métamorphosés en oisifs.

Aussi, de ce moment, la société se reconstitua, se rebaronifia, se recomtifia, s'enrubanisa, et les plumes de coq furent chargées d'apprendre au pauvre peuple ce que les perles héraldiques lui disaient jadis : *Vade retro, Satanas !...* Arrière de nous, Péquins!... La France, pays éminemment philosophique, ayant expérimenté, par cette dernière tentative, la bonté, l'utilité, la sécurité du vieux système d'après lequel se construisaient les nations, revint d'elle-même, grâce à quelques soldats, au principe en vertu duquel la Trinité a mis en ce bas monde des vallées et des montagnes, des chênes et des graminées.

Et en l'an de grâce 1804, comme en l'an MCXX, il a été reconnu qu'il est infiniment agréable, pour un homme ou une femme, de se dire en regardant ses concitoyens : « Je suis au-dessus d'eux ; je les éclabousse, je les protége, je les gouverne, et chacun voit clairement que je les gouverne, les protége et les éclabousse ; car un homme qui éclabousse, protége ou gouverne les autres, parle, mange, marche, boit, dort, tousse, s'habille, s'amuse autrement que les gens éclaboussés, protégés et gouvernés. »

Et la vie élégante a surgi !...

Et elle s'est élancée, toute brillante, toute neuve, toute vieille, toute jeune, toute fière, toute pimpante, tout approuvée, corrigée, augmentée et ressuscitée par ce monologue merveilleusement moral, religieux, monarchique, littéraire, constitutionnel, égoïste :

« J'éclabousse, je protége, je..., » etc.

Car les principes d'après lesquels se conduisent et vivent les gens qui ont du talent, du pouvoir ou de l'argent, ne ressembleront jamais à ceux de la vie vulgaire.

Et personne ne veut être vulgaire !...

La vie élégante est donc essentiellement la science des manières.

Maintenant la question nous semble suffisamment abrégée et aussi subtilement posée que si S. S. le comte Ravez s'était chargé de la proposer à la première chambre septennale.

Mais à quelle gent commence la vie élégante, et tous les oisifs sont-ils aptes à en suivre les principes ?

Voici deux aphorismes qui doivent résoudre tous les doutes et servir de point de départ à nos observations fashionables :

VII

Pour la vie élégante, il n'y a d'être complet que le *centaure*, l'homme en tilbury.

VIII

Il ne suffit pas d'être devenu ou de naître riche pour mener une vie élégante : il faut en avoir le sentiment.

« Ne fais pas le prince, a dit avant nous Solon, si tu n'as pas appris à l'être. »

3

CHAPITRE II.

DU SENTIMENT DE LA VIE ÉLÉGANTE.

La complète entente du progrès social peut seule produire le sentiment de la *vie élégante*. Cette manière de vivre n'est-elle pas l'expression des rapports et des besoins nouveaux créés par une jeune organisation déjà virile? Pour s'en expliquer le sentiment et le voir adopté par tout le monde, il est donc nécessaire d'examiner ici l'enchaînement des causes qui ont fait éclore la vie élégante du mouvement même de notre révolution : car autrefois elle n'existait pas.

En effet, jadis le noble vivait à sa guise et restait toujours un être à part. Seulement les façons du courtisan remplaçaient, au sein de ce peuple à talons rouges, les recherches de notre vie fashionable. Encore le ton de la cour n'a-t-il daté que de Catherine de Médicis. Ce furent nos deux reines italiennes qui importèrent en France les raffinements du luxe, la grâce des manières et les féeries de la toilette. L'œuvre que commença Catherine, en introduisant l'étiquette (voir ses lettres à Charles IX), en entourant le trône de supériorités intellectuelles, fut continuée par les reines espagnoles, influence puissante qui rendit la cour de France arbitre et dépositaire des délicatesses inventées, tour à tour, et par les Maures et par l'Italie.

Mais, jusqu'au règne de Louis XV, la différence qui distinguait le courtisan du noble ne se trahissait guère que par des pourpoints plus ou moins chers, par des bottines plus ou moins évasées, une fraise, une chevelure plus ou moins musquée, et par des mots plus ou moins neufs. Ce luxe, tout personnel, n'était jamais complété par un ensemble dans l'existence. Cent mille écus, profusément jetés dans un habillement, dans un équipage, suffisaient pour toute une vie. Puis un noble de province pouvait se mal vêtir et savoir élever un de ces édifices merveilleux, notre admiration d'aujourd'hui et le désespoir de nos fortunes modernes, tandis qu'un courtisan richement mis eût été fort embarrassé de recevoir deux femmes chez lui. Une salière de Benvenuto Cellini, achetée au prix de la rançon d'un roi, s'élevait souvent sur une table entourée de bancs.

Enfin, si nous passons de la vie matérielle à la vie morale, un noble pouvait faire des dettes, vivre dans les cabarets, ne pas savoir écrire ou parler, être ignorant, stupide, prostituer son caractère, dire des niaiseries, il demeurait noble. Le bourreau et la loi le distinguaient encore de tous les exemplaires de Jacques Bonhomme (l'admirable type des gens occupés), en lui tranchant la tête, au lieu de le pendre. On eût dit le *civis romanus* en France : car, véritables esclaves, les Gaulois * étaient devant lui comme s'ils n'existaient pas.

Cette doctrine fut si bien comprise, qu'une femme de qualité s'habillait devant ses gens, comme s'ils eussent été des bœufs ; ne se déshonorait pas en *chippant* l'argent des bourgeois (voir la conversation de la duchesse de Tallard dans le dernier ouvrage de M. Barrière) ; que la comtesse d'Egmont ne croyait pas commettre d'infidélité en aimant un vilain ; que madame de Chaulnes affirmait qu'une duchesse n'avait pas d'âge pour un roturier, et que M. Joly de Fleury considérait logiquement les vingt millions de corvéables comme un accident dans l'État.

Aujourd'hui les nobles de 1804 ou de

* Gentilhomme voulait dire l'homme de la nation : *gentis homo.*

l'an MCXX ne représentent plus rien. La Révolution n'était qu'une croisade contre les privi-
léges, et sa mission n'a pas été tout à fait vaine :
car, si la Chambre des pairs, dernier lambeau
des prérogatives héréditaires, devient une oli-
garchie territoriale, elle ne sera jamais une
aristocratie hérissée de droits hostiles. Mais,
malgré l'amélioration apparente imprimée à
l'ordre social par le mouvement de 1789, l'abus
nécessaire que constitue l'inégalité des fortunes
s'est régénéré sous de nouvelles formes. N'a-
vons-nous pas, en échange d'une féodalité ri-
sible et déchue, la triple aristocratie de l'argent, du pouvoir et du talent, qui, toute
légitime qu'elle soit, n'en jette pas moins sur
la masse un poids immense, en lui imposant le
patriciat de la banque, le ministérialisme et
la balistique des journaux ou de la tribune,
marchepieds des gens de talent? Ainsi, tout en
consacrant, par son retour à la monarchie con-
stitutionnelle, une mensongère égalité politique,
la France n'a jamais que généralisé le mal : car
nous sommes une démocratie de riches. Avouons-
le, la grande lutte du dix-huitième siècle était
un combat singulier entre le tiers état et les
ordres. Le peuple n'y fut que l'auxiliaire des
plus habiles. Aussi, en octobre 1830, il existe
encore deux espèces d'hommes : les riches et
les pauvres, les gens en voiture et les gens à
pied, ceux qui ont payé le droit d'être oisifs et

ceux qui tentent de l'acquérir. La société s'exprime en deux termes, mais la proposition reste la même. Les hommes doivent toujours les délices de la vie et le pouvoir au hasard qui, jadis, créait les nobles : car le talent est un bonheur d'organisation, comme la fortune patrimoniale en est un de naissance.

L'oisif gouvernera donc toujours ses semblables : après avoir interrogé, fatigué les choses, il éprouve l'envie de JOUER AUX HOMMES. D'ailleurs, celui-là dont l'existence est assurée, pouvant seul étudier, observer, comparer, le riche, déploie l'esprit d'envahissement inhérent à l'âme humaine au profit de son intelligence : et alors le triple pouvoir du temps, de l'argent et du talent, lui garantit le monopole de l'empire : car l'homme armé de la pensée a remplacé le banneret bardé de fer. Le mal a perdu de sa force en s'étendant; l'intelligence est devenue le pivot de notre civilisation : tel est tout le progrès acheté par le sang de nos pères.

L'aristocratie et la bourgeoisie vont mettre en commun, l'une ses traditions d'élégance, de bon goût et de haute politique, l'autre ses conquêtes prodigieuses dans les arts et les sciences; puis, toutes deux, à la tête du peuple, elles l'entraîneront dans une voie de civilisation et de lumière. Mais les princes de la pensée, du pouvoir ou de l'industrie, qui forment cette caste agrandie, n'en éprouveront pas moins une invincible démangeaison de publier, comme les nobles d'autrefois, leur degré de puissance, et, aujourd'hui encore, l'homme social fatiguera son génie à trouver des distinctions. Ce sentiment est sans doute un besoin de l'âme, une espèce de soif : car le sauvage même a ses plumes, ses tatouages, ses arcs travaillés, ses cauris, et se bat pour des verroteries. Alors, comme le dix-neuvième siècle s'avance sous la conduite d'une pensée dont le but est de substituer l'exploitation de l'homme par l'intelligence à l'exploitation de l'homme par l'homme *, la promulga-

---

* Cette expression métaphysique du dernier progrès fait par l'homme peut servir à expliquer la structure de la société, et à trouver les raisons des phénomènes offerts par les existences individuelles. Ainsi, la VIE OCCUPÉE n'étant jamais qu'*une exploitation de la matière par l'homme* ou *une exploitation de l'homme par l'homme*, tandis que la VIE D'ARTISTE et la VIE ÉLÉGANTE supposent toujours *une exploitation de l'homme par la pensée*, il est facile, en appliquant ces formules au plus ou moins d'intelligence développé dans les travaux humains, de s'expliquer la différence des fortunes. En effet, en politique, en finances comme en mécanique, le résultat est toujours en raison de la puissance des moyens C. Q. E. A. D. (Voyez page 16). Ce système doit-il nous rendre un jour tous millionnaires?... Nous ne le pensons pas. Malgré le succès de M. Jacotot, c'est une erreur de croire les intelligences égales : elles ne peuvent l'être que par une similitude de force, d'exercice ou de perfection impossible à rencontrer dans les organes : car, chez les hommes civilisés surtout, il serait difficile de rassembler deux organisations homogènes. Ce fait immense prouve que Sterne avait peut-être raison de mettre l'*art d'accoucher* en avant de toutes les sciences et

tion constante de notre supériorité devra subir l'influence de cette haute philosophie et participera bien moins de la matière que de l'âme.

Hier encore, les Francs sans armures, peuple débile et dégénéré, continuaient les rites d'une religion morte et levaient les étendards d'une puissance évanouie. Maintenant chaque homme qui va se dresser s'appuiera sur sa propre force. Les oisifs ne seront plus des fétiches, mais de véritables dieux. Alors l'expression de notre fortune résultera de son emploi, et la preuve de notre élévation individuelle se trouvera dans l'ensemble de notre vie : car princes et peuples comprennent que le signe le plus énergique ne suppléera plus le pouvoir. Ainsi, pour chercher à rendre un système par une image, il ne reste pas trois figures de Napoléon en habits impériaux, et nous le voyons partout vêtu de son petit uniforme vert, coiffé de son chapeau à trois cornes et les bras croisés. Il n'est poétique et vrai que sans le charlatanisme impérial. En le précipitant du haut de sa colonne, ses ennemis l'ont grandi. Dépouillé des

des philosophies. Alors les hommes resteront donc toujours les uns pauvres, les autres riches : seulement les intelligences supérieures étant dans une voie de progrès, le bien-être de la masse augmentera, comme le démontre l'histoire de la civilisation depuis le seizième siècle, moment où la pensée a triomphé, en Europe, par l'influence de Bacon, de Descartes et de Bayle.

oripeaux de la royauté, Napoléon devient immense; il est le symbole de son siècle, une pensée de l'avenir. L'homme puissant est toujours simple et calme.

Du moment où deux livres de parchemin ne tiennent plus lieu de tout, où le fils naturel d'un baigneur millionnaire et un homme de talent ont les mêmes droits que le fils d'un comte, nous ne pouvons plus être distinctibles que par notre valeur intrinsèque. Alors, dans notre société, les différences ont disparu : il n'y a plus que des nuances. Aussi le savoir-vivre, l'élégance des manières, le *je ne sais quoi*, fruit d'une éducation complète, forment la seule barrière qui sépare l'oisif de l'homme occupé. S'il existe un privilége, il dérive de la supériorité morale. De là le haut prix attaché, par le plus grand nombre, à l'instruction, à la pureté du langage, à la grâce du maintien, à la manière plus ou moins aisée dont une toilette est portée, à la recherche des appartements, enfin à la perfection de tout ce qui procède de la personne. N'imprimons-nous pas nos mœurs, notre pensée, sur tout ce qui nous entoure et nous appartient? « Parle, marche, mange ou habille-toi, et je te dirai qui tu es, » a remplacé l'ancien proverbe, expression de cour, adage de privilégié. Aujourd'hui un maréchal de Richelieu est impossible. Un pair de France, un prince même, risque de tomber au-dessous d'un élec-

4

teur à cent écus, s'il se déconsidère : car il
n'est permis à personne d'être impertinent ou
débauché. Plus les choses ont subi l'influence de
la pensée, et plus les détails de la vie se sont
ennoblis, épurés, agrandis.

Telle est la pente insensible par laquelle le
christianisme de notre révolution a renversé le
polythéisme de la féodalité, par quelle filia-
tion un sentiment vrai a respiré jusque dans les
signes matériels et changeants de notre puissance. Et voilà comment nous sommes revenus
au point d'où nous sommes partis : — à l'ado-
ration du veau d'or. Seulement l'idole parle,
marche, pense, en un mot, elle est un géant.
Aussi le pauvre Jacques Bonhomme est-il bâté
pour longtemps. Une révolution populaire est
impossible aujourd'hui. Si quelques rois tom-
bent encore, ce sera, comme en France, par le
froid mépris de la classe intelligente.

Pour distinguer notre vie par de l'élégance,
il ne suffit donc plus aujourd'hui d'être noble
ou de gagner un quaterne à l'une des loteries
humaines, il faut encore avoir été doué de cette
indéfinissable faculté (l'esprit de nos sens peut-
être !) qui nous porte toujours à choisir les
choses vraiment belles ou bonnes, les choses
dont l'ensemble concorde avec notre physionomie, avec notre destinée. C'est un tact exquis,
dont le constant exercice peut seul faire découvrir soudain les rapports, prévoir les consé-

quences, deviner la place ou la portée des
objets, des mots, des idées et des personnes :
car, pour nous résumer, le principe de la vie
élégante est une haute pensée d'ordre et d'harmonie, destinée à donner de la poésie aux choses. De là cet aphorisme :

IX

Un homme devient riche ; il naît élégant.

Appuyé sur de telles bases, vu de cette hauteur, ce système d'existence n'est donc plus
une plaisanterie éphémère, un mot vide dédai-
gné par les penseurs comme un journal lu. La
vie élégante repose, au contraire, sur les déduc-
tions les plus sévères de la constitution sociale.
N'est-elle pas l'habitude et les mœurs des gens
supérieurs qui savent jouir de la fortune et obtenir du peuple le pardon de leur élévation, en
faveur des bienfaits répandus par leurs lumiè-
res ? N'est-elle pas l'expression des progrès faits
par un pays, puisqu'elle en représente tous les
genres de luxe ? Enfin, si elle est l'indice d'une
nature perfectionnée, tout homme ne doit-il
pas désirer d'en étudier, d'en surprendre les
secrets ?

Alors il n'est donc plus indifférent de mépri-
ser ou d'adopter les fugitives prescriptions de la
MODE, car *mens molem agitat :* l'esprit d'un
homme se devine à la manière dont il tient sa

canne. Les distinctions s'avilissent ou meurent
en devenant communes; mais il existe une puissance chargée d'en stipuler de nouvelles, c'est
l'opinion : or la mode n'a jamais été que l'opinion en matière de costume. Le costume étant
le plus énergique de tous les symboles, la révolution fut aussi une question de mode, un débat
entre la soie et le drap. Mais aujourd'hui la
MODE n'est plus restreinte au luxe de la personne.
Le matériel de la vie, ayant été l'objet du progrès général, a reçu d'immenses développements. Il n'est pas un seul de nos besoins qui
n'ait produit une encyclopédie, et notre vie ani-
male se rattache à l'universalité des connaissances humaines. Aussi, en dictant les lois de
l'élégance, la mode embrasse-t-elle tous les arts.
Elle est le principe des œuvres comme des ouvrages. N'est-elle pas le cachet dont un consen-
tement unanime scelle une découverte, ou mar-
que les inventions qui enrichissent le bien-être
de l'homme? Ne constitue-t-elle pas la récom-
pense toujours lucrative, l'hommage décerné au
génie? En accueillant, en signalant le progrès,
elle se met à la tête de tout : elle fait les révolutions de la musique, des lettres, du dessin et de
.l'architecture. Or un traité de la vie élégante,
étant la réunion des principes incommutables
qui doivent diriger la manifestation de notre
pensée par la vie extérieure, est en quelque
sorte la *métaphysique* des choses.

CHAPITRE III.

PLAN DE CE TRAITÉ.

— J'arrive de Pierrefonds, où je suis allé voir
mon oncle : il est riche, il a des chevaux, il ne
sait seulement pas ce que c'est qu'un *tigre*, un
groom, un *britschka*, et va encore dans un cabriolet à pompe !...

— Eh quoi ! s'écria tout à coup notre honorable ami L. M. en déposant sa pipe entre les
bras d'une *Vénus à la tortue* qui décore sa che-
minée ; eh quoi ! s'il s'agit de l'homme en masse,
il y a le code du droit des gens ; d'une nation,
code politique ; de nos intérêts, code civil ; de nos
différends, code de procédure ; de notre liberté,

code d'instruction ; de nos égarements, code pénal ; de l'industrie, code du commerce ; de la campagne, code rural ; des soldats, code militaire ; des nègres, code noir ; de nos bois, code forestier ; de nos coquilles pavoisées, code maritime... Enfin nous avons tout formulé, depuis le deuil de cour, depuis la quantité de larmes que nous devons verser pour un roi, un oncle, un cousin, jusqu'à la vie et le pas d'un cheval d'escadron...

— Eh bien, quoi ? lui dit E. de G. en ne s'apercevant pas que notre honorable ami reprenait haleine.

— Eh bien, répliqua-t-il, quand ces codes-là ont été faits, je ne sais quelle épizootie (il voulait dire épidémie) a saisi les cacographes, et nous avons été inondés de codes... La politesse, la gourmandise, le théâtre, les honnêtes gens, les femmes, l'indemnité, les colons, l'administration, tout a eu son code. Puis la doctrine de Saint-Simon a dominé cet océan d'ouvrages, en prétendant que la *codification* (voyez l'Organisateur) était une science spéciale... Peut-être le typographe s'est-il trompé et n'a-t-il pas bien lu *caudification*, de *cauda*, queue... mais n'importe...

— Je vous demande, ajouta-t-il en arrêtant un de ses auditeurs et le tirant par un bouton, n'est-ce pas un vrai miracle que la *vie élégante* n'ait pas trouvé de législateurs parmi tout ce monde écrivant et pensant? Ces manuels, même ceux du garde champêtre, du maire et du contribuable, ne sont-ils pas des fadaises auprès d'un traité sur la MODE? La publication des principes qui rendent la vie poétique n'est elle pas d'une immense utilité? Si, en province, la plupart de nos fermes, closeries, borderies, maisons, métairies, bordages, etc., sont de véritables chenils; si le bestial, et surtout les chevaux, obtiennent en France un traitement indigne d'un peuple chrétien; si la science du confortable, si le briquet de l'immortel *Fumade*, si la cafetière de Lemare, si les tapis à bon marché sont inconnus à soixante lieues de Paris, il est bien certain que ce manque général des plus vulgaires inventions dues à la science moderne vient de l'ignorance dans laquelle nous laissons croupir la petite propriété! L'élégance se rattache à tout. Elle tend à rendre une nation moins pauvre, en lui inspirant le goût du luxe, car un grand axiome est certes celui-ci :

X

La fortune que l'on acquiert est en raison des besoins que l'on se crée.

Elle donne (toujours l'élégance) un aspect plus pittoresque à un pays, et perfectionne l'agriculture : car des soins apportés aux vivres, au couvert des animaux, dépend la beauté des ra-

ces et de leurs produits. Or allez voir dans
quels trous les Bretons logent leurs vaches, leurs
chevaux, leurs moutons et leurs enfants, et vous
avouerez que, de tous les livres à faire, un
traité sur l'élégance est le plus philanthropique
et le plus national. Si un ministre a laissé son mou-
choir et sa tabatière sur la table de Louis XVIII,
si les miroirs dans lesquels un jeune élégant se
fait la barbe, chez un vieux campagnard, lui don-
nent l'air d'un homme prêt à tomber en apo-
plexie, et si enfin votre oncle va encore dans
un cabriolet à pompe, c'est assurément faute
d'un ouvrage classique sur la MODE !...

Notre honorable ami parla longtemps et très-
bien avec cette facilité d'élocution que les en-
vieux nomment *bavardage*; puis il conclut en
disant : « L'élégance dramatise la vie... »

Oh ! alors, ce mot éveilla un *hourra* général.
Le sagace E. de G. prouva que le drame ne pouvait guère ressortir de l'uniformité imprimée par
l'élégance aux mœurs d'un pays, et, mettant en
regard l'Angleterre et l'Espagne, il démontra sa
thèse en enrichissant son argumentation des
couleurs locales que lui fournirent les habitudes
des deux contrées. Enfin il termina ainsi :

— Il est facile, messieurs, d'expliquer cette
lacune dans la science. Eh ! quel homme jeune
ou vieux serait assez hardi pour assumer sur sa
tête une aussi accablante responsabilité? Pour
entreprendre un traité de la vie élégante, il fau-

drait avoir un fanatisme d'amour-propre inima-
ginable : car ce serait vouloir dominer les personnes élégantes de Paris, qui, elles-mêmes,
tâtonnent, essayent et n'arrivent pas toujours à
la grâce.

En ce moment, d'amples libations ayant été
faites en l'honneur de la fashionable déesse du
thé, les esprits s'étaient élevés au ton de l'illu-
minisme. Alors un des plus élégants * rédacteurs
de la MODE se leva en jetant un regard de triomphe sur ses collaborateurs :

— Cet homme existe, dit-il.

Un rire général accueillit cet exorde, mais le
silence de l'admiration y succéda bientôt quand
il eut ajouté :

— BRUMMEL !... Brummel est à Boulogne, banni
de l'Angleterre par de trop nombreux créanciers oublieux des services que ce patriarche
de la *fashion* a rendus à sa patrie !...

Et alors la publication d'un traité sur la vie
élégante parut facile et fut unanimement résolue *comme étant un grand bienfait* pour l'humanité, comme un pas immense dans la vie des
progrès.

Il est inutile d'ajouter que nous devons à
Brummel les inductions philosophiques par lesquelles nous sommes arrivé à démontrer, dans
les deux précédents chapitres, combien la vie

* Ici l'élégance s'applique au costume.

5

élégante se liait fortement à la perfection de
toute société humaine : les anciens amis de cet
immortel créateur du luxe anglais auront, nous
l'espérons, reconnu la haute philosophie à travers la traduction imparfaite de ses pensées.

Il nous serait difficile d'exprimer le sentiment
qui s'empara de nous lorsque nous vîmes ce
prince de la mode : c'était tout à la fois du respect et de la joie. Comment ne pas se pincer
épigrammatiquement les lèvres, en voyant
l'homme qui avait inventé la philosophie des
meubles, des gilets, et qui allait nous léguer
des axiomes sur les pantalons, sur la grâce et
sur les harnais ?

Mais aussi comment ne pas être pénétré d'admiration pour le plus intime ami de Georges IV,
pour le fashionable qui avait imposé des lois à
l'Angleterre, et donné au prince de Galles ce
goût de toilette et de *confortabilisme* qui valut
tant d'avancement aux officiers bien vêtus *?
N'était-il pas une preuve vivante de l'influence
exercée par la mode ? Mais quand nous pensâmes
que Brummel avait, en ce moment, une vie pleine
d'amertume, et que Boulogne était son rocher
de Sainte-Hélène, tous nos sentiments se con-
fondirent dans un respectueux enthousiasme.

---

* Quand Georges IV voyait un militaire mis avec soin, il
manquait rarement de le distinguer et de l'avancer. Aussi
recevait-il fort mal les gens sans élégance.

Nous le vîmes au moment de son lever. Sa robe de chambre portait l'empreinte de son malheur; mais, tout en s'y conformant, elle s'harmonisait admirablement avec les accessoires de l'appartement. Brummel, vieux et pauvre, était toujours Brummel : seulement un embonpoint égal à celui de Georges IV avait rompu les heureuses dispositions de ce corps modèle, et l'exdieu du dandysme portait une perruque !... Effrayante leçon !... Brummel ainsi !... N'était-ce pas Sheridan ivre mort au sortir du parlement ou saisi par les recors?

Brummel en perruque; Napoléon en jardinier; Kant en enfance; Louis XVI en bonnet rouge et Charles X à Cherbourg !... voilà les les cinq plus grands spectacles de notre époque.

Le grand homme nous accueillit avec un ton parfait. Sa modestie acheva de nous séduire. Il parut flatté de l'apostolat que nous lui avions réservé; mais, tout en nous remerciant, il nous déclara qu'il ne se croyait pas assez de talent pour accomplir une mission aussi délicate.

—Heureusement, nous dit-il, j'ai pour compagnons à Boulogne quelques gentlemen d'élite, conduits en France par la manière trop large dont ils concevaient à Londres la vie élégante... *Honneur au courage malheureux!* ajouta-t-il en se découvrant et nous lançant un regard aussi gai que railleur.

Alors, reprit-il, nous pourrons former ici

un comité assez illustre, assez expérimenté, pour
décider en dernier ressort des difficultés les plus
sérieuses de cette vie, si frivole en apparence,
et, lorsque *vos amis de Paris* auront admis ou
rejeté nos maximes, espérons que votre entre-
prise prendra un caractère monumental !

Ayant dit, il nous proposa de prendre le thé
avec lui. Nous acceptâmes. Une mistress élégante
encore, malgré son embonpoint, étant sortie de
la chambre voisine pour faire les honneurs de
la théière, nous nous aperçûmes que Brummel
avait aussi sa marquise de Conyngham. Alors le
nombre seul des *couronnes* pouvait le distinguer
de son royal ami Georges IV. Hélas! ils sont
maintenant *ambo pares*, morts tous deux, ou à
peu près.

Notre première conférence eut lieu pendant
ce déjeuner, dont la recherche nous prouva
que la ruine de Brummel serait une fortune à
Paris.

La question dont nous nous occupâmes était
une question de vie ou de mort pour notre en-
treprise.

En effet, si le sentiment de la vie élégante
devait résulter d'une organisation plus ou moins
heureuse, il s'ensuivait que les hommes se
partageaient, pour nous, en deux classes : les
poëtes et les prosateurs, les élégants et le commun des martyrs : partant, plus de traité, les

premiers sachant tout, les derniers ne pouvant rien apprendre.

Mais, après la plus mémorable des discussions, nous vîmes surgir cet axiome consolateur :

XI

Quoique l'élégance soit moins un art qu'un sentiment, elle provient également d'un instinct et d'une habitude.

— Oui ! s'écria sir William Crad...k, le compagnon fidèle de Brummel, rassurez la population craintive des *country-gentlemen* (petits propriétaires), des marchands et des banquiers... Tous les enfants de l'aristocratie ne naissent pas avec le sentiment de l'élégance, avec le goût qui sert à donner à la vie une poétique empreinte ; et cependant l'aristocratie de chaque pays s'y distingue par ses manières et par une remarquable entente de l'existence ! — Quel est donc ce privilége? — L'éducation, l'habitude. Frappés dès le berceau de la grâce harmonieuse qui règne autour d'eux, élevés par des mères élégantes dont le langage et les mœurs gardent toutes les bonnes traditions, les enfants des grands seigneurs se familiarisent avec les rudiments de notre science, et il faut un naturel bien revêche pour résister à un constant aspect de choses véritablement belles. Aussi le spectacle le plus hideux pour un peuple est-il un grand tombé au-dessous d'un bourgeois.

Si toutes les intelligences ne sont pas égales, il est rare que nos sens ne soient pas égaux : car l'intelligence résulte d'une perfection inté- rieure : or plus nous élargissons la forme, et plus nous obtenons d'égalité : ainsi les jambes humaines se ressemblent bien mieux que les visages, grâce à la configuration de ces mem- bres, qui offrent des lignes étendues. Or l'élé- gance, n'étant que la perfection des objets sen- sibles, doit être accessible à tous par l'habitude. L'étude peut conduire un homme riche à porter des bottes et un pantalon aussi bien que nous les portons nous-mêmes, et lui apprendre à sa- voir dépenser sa fortune avec grâce... Ainsi du reste.

Brummel fronça légèrement le sourcil. Nous devinâmes qu'il allait faire entendre cette voix prophétique à laquelle obéissait naguère un peuple de riches.

— L'axiome est vrai, dit-il, et j'approuve une partie des raisonnements dus à l'honorable préo- pinant; mais j'improuve fortement de lever ainsi la barrière qui sépare la vie élégante de la vie vulgaire; et d'ouvrir les portes du temple au peuple entier.

Non ! s'écria Brummel en frappant du poing sur la table, non, toutes les jambes ne sont point appelées à porter de même une botte

ou un pantalon... Non, milords. N'y a-t-il pas
de boiteux, de gens contrefaits ou ignobles à
toujours? Et n'est-ce pas un axiome que cette
sentence mille fois prononcée par nous dans
le cours de notre vie :

XII

Rien ne ressemble moins à l'homme qu'*un
homme !*

— Donc, reprit-il, après avoir consacré le
principe favorable qui laisse aux catéchumènes
de la vie élégante l'espoir de parvenir à la grâce
par l'habitude, reconnaissons aussi les excep-
tions, et cherchons-en les formules de bonne
foi.

Après bien des efforts, après de nombreuses
observations savamment débattues, nous rédi-
geâmes les axiomes suivants :

XIII

Il faut avoir été au moins jusqu'en rhétorique
pour mener une vie élégante.

XIV

Sont en dehors de la vie élégante les détail-
lants, les gens d'affaires et les professeurs d'hu-
manités.

XV

L'avare est une négation.

XVI

Un banquier arrivé à quarante ans sans avoir déposé son bilan, ou qui a plus de trente-six pouces de tour, est le damné de la vie élégante : il en verra le paradis sans jamais y entrer.

XVII

L'être qui ne vient pas souvent à Paris ne sera jamais complétement élégant.

XVIII

L'homme impoli est le lépreux du monde fashionable*.

— Assez ! dit Brummel. Si nous ajoutions un seul aphorisme, ce serait rentrer dans l'enseignement des principes généraux qui doivent être l'objet de la seconde partie du traité.

Alors il daigna poser lui-même les limites de la science en divisant ainsi notre ouvrage :

— Si vous examinez avec soin, dit-il, toutes

---

* La connaissance des lois les plus vulgaires de la politesse étant un des éléments de notre science, nous saisissons cette occasion de rendre un hommage public à M. l'abbé Gaultier, dont l'ouvrage sur la politesse doit être considéré comme l'œuvre la plus complète en cette matière et comme un admirable traité de morale. Ce petit livre se trouve chez J. Renouard.

les traductions matérielles de la pensée dont se compose la vie élégante, vous serez sans doute frappés, comme moi, du rapprochement plus ou moins intime qui existe entre certaines choses et notre personne. Ainsi la parole, la démarche, les manières, sont des actes qui procèdent *immédiatement* de l'homme, et qui sont entièrement soumis aux lois de l'élégance. La table, les gens, les chevaux, les voitures, les meubles, la tenue des maisons, ne dérivent, pour ainsi dire, que *médiatement* de l'individu. Quoique ces accessoires de l'existence portent également le cachet de l'élégance que nous imprimons à tout ce qui procède de nous, ils semblent en quelque sorte éloignés du siége de la pensée, et ne doivent occuper que le second rang dans cette vaste théorie de l'élégance. N'est-il pas naturel de refléter la grande pensée qui meut notre siècle dans une œuvre destinée peut-être à réagir sur les mœurs des ignorantins de la *fashion?* Convenons donc ici que tous les principes qui se rattacheront immédiatement à l'intelligence auront la première place dans les distributions de cette encyclopédie aristocratique.

Cependant, messieurs, ajouta Brummel, il est un fait qui domine tous les autres. L'homme s'habille avant d'agir, de parler, de marcher, de manger. Les actions qui appartiennent à la mode, le maintien, la conversation, etc., ne sont jamais que les conséquences de notre toilette.

6

Sterne, cet admirable observateur, a proclamé
de la manière la plus spirituelle que les idées de
l'homme barbifié n'étaient pas celles de l'homme
barbu. Nous subissons tous l'influence du costume. L'artiste en toilette ne travaille plus. Vêtue
d'un peignoir ou parée pour le bal... une femme
est bien autre : vous diriez deux femmes !

Ici Brummel soupira.

— Nos manières du matin ne sont plus celles
du soir, reprit-il. Enfin, Georges IV, dont l'amitié m'a si fort honoré, s'est bien certainement
cru plus grand le jour de son couronnement que
le lendemain. La toilette est donc la plus immense modification éprouvée par l'homme social, elle pèse sur toute l'existence. Or je ne
crois pas violer la logique en vous proposant
d'ordonner ainsi votre ouvrage :

Après avoir dicté, dans votre seconde partie, les lois générales de la vie élégante, reprit-
il, vous devriez consacrer la troisième aux
choses qui procèdent immédiatement de l'individu, et mettre la toilette en tête. Enfin, selon
moi, la quatrième partie serait destinée aux
choses qui procèdent immédiatement de la personne, et que je regarde comme des ACCESSOIRES.

Nous excusâmes la prédilection de Brummel
pour la toilette : elle avait fait sa gloire. C'est
peut-être l'erreur d'un grand homme, mais
nous n'osâmes pas la combattre, au risque de
voir cette heureuse classification rejetée par les

élégantologistes de tous les pays. Nous résolûmes
de nous tromper avec Brummel.

Alors les matières à traiter dans la seconde
partie furent adoptées à l'unanimité par cet illustre parlement de modiphiles, sous le titre de
PRINCIPES GÉNÉRAUX de la vie élégante.

La troisième partie, concernant LES CHOSES
QUI PROCÈDENT IMMÉDIATEMENT DE LA PERSONNE, fut
divisée en plusieurs chapitres.

La première comprendra la *toilette dans toutes ses parties.* Un premier paragraphe sera consacré à la *toilette des hommes,* un second à la
toilette des femmes; un troisième offrira un
essai sur les *parfums,* sur les *bains,* sur la
coiffure.

Un autre chapitre donnera une *théorie complète de la démarche et du maintien.*

Un de nos meilleurs amis, M. E. Sue, aussi
remarquable par l'élégance de son style et l'originalité de ses aperçus que par un goût exquis
des choses, par une merveilleuse entente de la
vie, nous a promis la communication de ses
remarques pour un chapitre intitulé : *De l'im-
pertinence considérée dans ses rapports avec la
morale, la religion, la politique, les arts et la lit-
térature.*

La discussion s'échauffa sur les deux derniè-
res divisions. Il s'agissait de savoir si le chapitre des *Manières* devait passer avant celui de
la *Conversation.*

Brummel mit fin au débat par une improvisation que nous avons le regret de ne pouvoir
communiquer en entier. Il termina ainsi :

— Messieurs, si nous étions en Angleterre,
les actions passeraient nécessairement avant la
parole, car mes compatriotes sont assez géné-
ralement taciturnes : mais j'ai eu l'occasion de
remarquer qu'en France vous parliez toujours
beaucoup avant d'agir.

La quatrième partie, consacrée aux ACCES-
SOIRES, comprendra les principes qui doivent
régir les appartements, les meubles, la table,
les chevaux, les gens, les voitures, et nous terminerons par un traité sur *l'art de recevoir, soit
à la ville, soit à la campagne*, et sur *l'art de se
conduire chez les autres.*

Ainsi nous aurons embrassé l'universalité de
la plus vaste de toutes les sciences : celle qui
embrasse tous les moments de notre vie, qui
gouverne tous les actes de notre veille et les
instruments de notre sommeil : car elle règne
encore même pendant le silence des nuits.

DEUXIÈME PARTIE.

PRINCIPES GÉNÉRAUX

> Songez aussi, madame, qu'il y a
> des perfections révoltantes.
>
> MONOGRAPHIE DE LA VERTU.
> (*Ouvrage inédit de l'auteur.*)

CHAPITRE IV.

DOGMES.

———

L'Église reconnaît sept péchés capitaux et n'admet que trois vertus théologales. Nous avons donc sept principes de remords contre trois sources de consolation! Triste problème que celui-ci : 3 : 7 :: l'homme : X!... Aussi nulle créature humaine, sans en excepter sainte Thérèse ni saint François d'Assises, n'a-t-elle pu échapper aux conséquences de cette proposition fatale.

Malgré sa rigueur, ce dogme gouverne le monde élégant comme il dirige l'univers catholique. Le mal sait stipuler des accommodements,

le bien suit une ligne sévère. De cette loi éternelle, nous pouvons extraire un axiome con-
firmé par tous les dictionnaires des *cas de conscience :*

XIX

Le bien n'a qu'un mode, le mal en a mille.

Ainsi la vie élégante a ses péchés capitaux et
ses trois vertus cardinales. Oui, l'élégance est
une et indivisible, comme la Trinité, comme la
liberté, comme la vertu. De là résultent les
plus importants de tous nos aphorismes généraux :

XX

Le principe constitutif de l'élégance est l'*u-
nité.*

XXI

Il n'y a pas d'unité possible sans la propreté,
sans l'harmonie, sans la *simplicité relative.*

Mais ce n'est point la simplicité plutôt que
l'harmonie, ni l'harmonie plutôt que la propreté, qui produisent l'élégance : elle naît d'une
concordance mystérieuse entre ces trois vertus
primordiales. La créer partout et soudain est
le secret des esprits nativement distingués.

En analysant toutes les choses de mauvais

goût qui entachent les toilettes, les appartements, les discours ou le maintien d'un in-
connu, les observateurs trouveront toujours
qu'elles pèchent par des infractions plus ou
moins sensible à cette triple loi de l'unité.

La vie extérieure est un sorte de système or-
ganisé, qui représente un homme aussi exacte-
ment que les couleurs du colimaçon se repro-
duisent sur sa coquille. Aussi, dans la vie
élégante, tout s'enchaîne et se commande.
Quand M. Cuvier aperçoit l'os frontal, maxil-
laire ou crural de quelque bête, n'en induit-il
pas toute une créature, fût-elle antédiluvienne,
et n'en reconstruit-il pas aussitôt un individu
classé, soit parmi les sauriens ou les marsu-
piaux, soit parmi les carnivores ou les herbivo-
res?... Jamais cet homme ne s'est trompé : son
génie lui a révélé les lois unitaires de la vie ani-
male.

De même, dans la vie élégante, une seule
chaise doit déterminer toute une série de meubles, comme l'éperon fait supposer un cheval.
Telle toilette annonce telle sphère de noblesse et
de bon goût. Chaque fortune a sa base et son
sommet. Jamais les Georges Cuvier de l'élégance
ne s'exposent à porter des jugements erronés :
ils vous diront à quel nombre de zéros, dans le
chiffre des revenus, doivent appartenir les gale-
ries de tableaux, les chevaux de race pure, les
tapis de la Savonnerie, les rideaux de soie dia-

7

phane, les cheminées de mosaïque, les vases
étrusques et les pendules surmontées d'une sta-
tue échappée au ciseau des Cortot ou des David.
Apportez-leur enfin une seule patère : ils en dé-
duiront tout un boudoir, une chambre, un
palais.

Cet ensemble rigoureusement exigé par l'unité
rend solidaires tous les accessoires de l'existence :
car un homme de goût juge comme un artiste sur
un rien. Plus l'ensemble est parfait, et plus un
barbarisme y est sensible. Il n'y a qu'un sot ou
un homme de génie qui puisse mettre une bou-
gie dans un martinet. Les applications de cette
grande loi fashionable furent bien comprises de
la femme célèbre (madame T...) à laquelle nous
devons cet aphorisme :

XXII

On connaît l'esprit d'une maîtresse de maison
en franchissant le seuil de sa porte.

Cette vaste et perpétuelle image qui représente * votre fortune ne doit jamais en être le
spécimen infidèle : car vous seriez placé entre
deux écueils : l'avarice ou l'impuissance. Or, trop
vain comme trop modeste, vous n'obéissez plus
à cette unité, dont la moindre des conséquences

---

* Ces mots *bien représenter*, *la représentation*, n'ont pas
d'autre origine.

est d'amener un heureux équilibre entre vos forces productrices et votre forme extérieure.

Une faute aussi capitale déduit toute une physionomie.

Premier terme de cette proposition, l'avarice a déjà été jugée; mais, sans pouvoir être accusés d'un vice aussi honteux, beaucoup de gens, jaloux d'obtenir deux résultats, tâchent de mener une vie élégante avec économie. Ceux-là parviennent sûrement à un but : ils sont ridicules. Ne ressemblent-ils pas, à tout moment, à des machinistes inhabiles dont les décorations laissent apercevoir les ressorts, les contre-poids et les coulisses? manquant ainsi à ces deux axiomes fondamentaux de la science :

XXIII

L'effet le plus essentiel de l'élégance est de cacher les moyens.

XXIV

Tout ce qui révèle une économie est inélégant.

En effet, l'économie est un moyen. Elle est le nerf d'une bonne administration, mais elle ressemble à l'huile qui donne de la souplesse et de la douceur aux roues d'une machine : il ne faut ni la voir ni la sentir.

Ces inconvénients ne sont pas les seuls châti-
ments dont les gens parcimonieux soient punis.
En estreignant le développement de leur existence, ils descendent de leur sphère, et, malgré
leur pouvoir, se mettent au niveau de ceux que
la vanité précipite vers l'écueil opposé. Qui ne
frémirait pas de cette épouvantable fraternité?

Que de fois n'avez-vous pas rencontré, à la
ville ou à la campagne, des bourgeois semi-
aristocrates qui, parés outre mesure, sont obli-
gés, faute d'un équipage, de calculer leurs visites, leurs plaisirs et leurs devoirs, d'après
Mathieu Laensberg? Esclave de son chapeau,
Madame redoute la pluie et Monsieur craint le
soleil ou la poussière. Impressibles comme des
baromètres, ils devinent le temps, quittent tout
et disparaissent à l'aspect d'un nuage. Mouillés
et crottés, ils s'accusent réciproquement, au lo-
gis, de leurs misères; gênés partout, ils ne
jouissent de rien.

Cette doctrine a été résumée par un aphorisme
applicable à toutes les existences, depuis celle
de la femme forcée de retrousser sa robe pour
s'asseoir en voiture, jusqu'au petit prince d'Al-
lemagne qui veut avoir des bouffes:

XXV

De l'accord entre la vie extérieure et la fortune résulte l'aisance.

L'observation religieuse de ce principe permet seule à un homme de déployer, jusque dans ses moindres actes, une liberté sans laquelle la grâce ne saurait exister. S'il mesure ses désirs sur sa puissance, il reste dans sa sphère sans avoir peur d'en déchoir. Cette sécurité d'action, qu'on pourrait nommer la *conscience du bien-être,* nous préserve de tous les orages occasionnés par une vanité mal entendue.

Ainsi les experts de la vie élégante ne tracent pas de longs chemins en toile verte sur leurs tapis, et ne redoutent pas, pour eux, les visites d'un vieil oncle asthmatique. Ils ne consultent pas le thermomètre pour sortir avec leurs chevaux. Également soumis aux charges de la fortune comme à ses bénéfices, ils ne paraissent jamais contrariés d'un dommage : car chez eux tout se répare avec de l'argent, ou se résout par le plus ou le moins de peine que prennent leurs gens. Mettre un vase, une pendule en cage, couvrir ses divans de housses, ensacher un lustre, n'est-ce pas ressembler à ces bonnes gens qui, après avoir fait des tirelires pour s'acheter des candélabres, les habillent aussitôt d'une gaze épaisse? L'homme de goût doit jouir de tout ce qu'il possède. Comme Fontenelle, *il n'aime pas les choses qui veulent être trop respectées.* A l'exemple de la nature, il ne craint pas d'étaler tous les jours sa splendeur; il peut la reproduire. Aussi n'attend-il pas que, semblables

aux vétérans du Luxembourg, ses meubles lui
attestent leurs services par de nombreux che-
vrons, pour en changer la destination, et ne se
plaint-il jamais du prix excessif des choses, car
il a tout prévu. Pour l'homme *de la vie occupée*,
les réceptions sont des solennités ; il a ses *sa-
cres* périodiques pour lesquels il fait ses débal-
lages, vide ses armoires et décapuchonne ses
bronzes : mais l'homme *de la vie élégante* sait
recevoir à toute heure, sans se laisser surprendre. Sa devise est celle d'une famille dont la
gloire s'associe à la découverte du nouveau
monde ; il est *semper paratus*, toujours prêt,
toujours semblable à lui-même. Sa maison, ses
gens, ses voitures, son luxe, ignorent le préjugé
du dimanche. Tous les jours sont des jours de
fête. Enfin, *si magna licet componere parvis*, il
est comme le fameux *Dessein*, qui répondait, sans
se déranger, en apprenant l'arrivée du duc
d'York : « Mettez-le au n° 4. »

Ou comme la duchesse d'Abrantès, qui, priée
la veille par Napoléon de recevoir la princesse
de Westphalie au Raincy, donne le lendemain
les plaisirs d'une chasse royale, d'opulents fes-
tins et un bal somptueux à des souverains.

Tout fashionable doit imiter, dans sa sphère,
cette large entente de l'existence : il obtiendra
facilement ces merveilleux résultats par une
constante recherche, par une exquise fraîcheur
dans les détails. Le soin perpétue la bonne

grâce de l'ensemble, et de là vient cet axiome anglais :

XXVI

L'entretien est le *sine quâ non* de l'élégance.

L'entretien n'est pas seulement cette condition vitale de la propreté qui nous oblige d'imprimer aux choses leur lustre journalier : ce mot exprime tout un système.

Du moment où la finesse et la grâce des tissus ont remplacé, dans le costume européen, la lourdeur des draps d'or et les cottes armoriées du laborieux moyen âge, une révolution immense a eu lieu dans les choses de la vie. Au lieu d'enfouir un fonds dans un mobilier périssable, nous en avons consommé l'intérêt en objets plus légers, moins chers, faciles à renouveler, et les familles n'ont plus été déshéritées du capital *.

Ce calcul d'une civilisation avancée a reçu ses derniers développements en Angleterre. Dans cette patrie du *confortable*, le matériel de la vie est considéré comme un grand vêtement

---

* L'habit de Bassompierre, que nous citons à cause de la vulgarité du fait, coûtait cent mille écus de notre monnaie actuelle. Aujourd'hui, l'homme le plus élégant ne dépense pas quinze mille francs pour sa toilette, et renouvelle ses habits à chaque saison. La différence du capital employé constitue des différences de luxe qui ne détruisent pas cette observation : elle s'applique à la toilette des femmes et à toutes les parties de notre science.

essentiellement muable et soumis aux caprices de la *fashion*. Les riches changent annuelle-ment leurs chevaux, leurs voitures, leurs ameu-blements; les diamants mêmes sont remontés; tout prend une forme nouvelle. Aussi les moin-dres meubles sont-il fabriqués dans cet esprit; les matières premières y sont sagement écono-misées. Si nous ne sommes pas encore par-venus à ce degré de science, nous avons ce-pendant fait quelques progrès. Les lourdes menuiseries de l'Empire sont entièrement con-damnées, ainsi que ses voitures pesantes et ses sculptures, demi-chefs-d'œuvre qui ne satisfai-saient ni l'artiste ni l'homme de goût. Nous marchons enfin dans une voie d'élégance et de simplicité. Si la modestie de nos fortunes ne permet pas encore des mutations fréquentes, nous avons au moins compris cet aphorisme qui domine les mœurs actuelles :

XXVII

Le luxe est moins dispendieux que l'élégance.

Et nous tendons à nous éloigner du système en vertu duquel nos yeux considéraient l'acqui-sition d'un meuble comme un placement de fonds : car chacun a senti instinctivement qu'il est tout à la fois plus élégant et plus conforta-ble de manger dans un service de porcelaine unie que de montrer aux curieux une coupe sur laquelle Constantin a copié la *Fornarina*. Les arts enfantent des merveilles que les particuliers doivent laisser aux rois, et des monuments qui n'appartiennent qu'aux nations. L'homme assez niais pour introduire dans l'ensemble de sa vie un seul échantillon d'une existence supérieure cherche à paraître ce qu'il n'est pas, et retombe alors dans cette impuissance dont nous avons tâché de flétrir les ridicules. Aussi nous avons rédigé la maxime suivante pour éclairer les victimes de la manie des grandeurs :

XXVIII

La vie élégante étant un habile développement de l'amour-propre, tout ce qui révèle trop fortement la vanité y produit un pléonasme.

Chose admirable !... Tous les principes généraux de la science ne sont que des corollaires du grand principe que nous avons proclamé : car l'entretien et ses lois sont en quelque sorte la conséquence immédiate de l'*unité*.

Bien des personnes nous ont objecté l'énormité des dépenses nécessitées par nos despotiques aphorismes...

Quelle fortune, nous a-t-on dit, pourrait suffire aux exigences de vos théories?... Le lendemain du jour où une maison a été remeublée, retapissée, où une voiture a été restaurée, où

la soie d'un boudoir a été changée, un fashionable ne vient-il pas insolemment appuyer sa
tête pommadée sur une tenture? Un homme en
colère n'arrive-t-il pas exprès pour souiller un
tapis? Des maladroits n'accrochent ils pas la
voiture? Et peut-on toujours empêcher les im-
pertinents de franchir le seuil sacré du boudoir?

Ces réclamations, présentées avec l'art spé-
cieux dont les femmes savent colorer toutes
leurs défenses, ont été pulvérisées par cet aphorisme :

XXIX

Un homme de bonne compagnie ne se croit
plus le maître de toutes les choses qui, chez lui,
doivent être mises à la disposition des autres.

Un élégant ne dit pas tout à fait, comme le
roi, *notre* voiture, *notre* palais, *notre* château,
nos chevaux, mais il sait empreindre toutes ses
actions de cette délicatesse royale, heureuse
métamorphose à l'aide de laquelle un homme
semble convier à sa fortune tous ceux dont il
s'entoure. Aussi cette noble doctrine implique-
t-elle un autre axiome non moins important que
le précédent :

XXX

Admettre une personne chez vous, c'est la
supposer digne d'habiter votre sphère.

Alors les prétendus malheurs dont une petite maîtresse demanderait raison à nos dogmes absolus ne peuvent procéder que d'un défaut de tact impardonnable. Une maîtresse de maison peut-elle jamais se plaindre d'un manque d'égards ou de soin ? N'est-ce pas sa faute ? N'existe-t-il pas, pour les gens comme il faut, des signes maçonniques à la faveur desquels ils doivent se reconnaître ? En ne recevant dans son intimité que ses égaux, l'homme élégant n'a plus d'accidents à redouter ; s'il en survient, ce sont de ces coups du sort que personne n'est dispensé de subir. L'antichambre est une institution en Angleterre, où l'aristocratie a fait de si grands progrès : il est peu de maisons qui n'aient un parloir. Cette pièce est destinée à donner audience à tous les inférieurs. La distance plus ou moins grande qui sépare nos oisifs des hommes occupés est représentée par l'étiquette. Les philosophes, les frondeurs, les rieurs, qui se moquent des cérémonies, ne recevraient pas leur épicier, fût-il électeur de grand collége, avec les attentions dont ils entoureraient un marquis. Il ne s'ensuit pas de là que les fashionables méprisent les travailleurs : bien loin, ils ont pour eux une admirable formule de respect social : Ce sont des *gens estimables.*

Il est aussi maladroit à un élégant de se moquer de la classe industrielle que de tourmenter des mouches à miel, que de déranger un artiste qui travaille : cela est de mauvais ton.

Les salons appartiennent donc à ceux qui ont le *pied élégant*, comme les frégates à ceux qui ont le *pied marin*. Si vous n'avez pas refusé nos prolégomènes, il faut en accepter toutes les conséquences.

De cette doctrine dérive un aphorisme fondamental :

XXXI

Dans la vie élégante, il n'existe plus de supériorité : on y traite de puissance à puissance.

Un homme de bonne compagnie ne dit à personne : J'ai l'honneur, etc. Il n'est le très-humble serviteur d'aucun homme.

Le sentiment des convenances dicte aujourd'hui de nouvelles formules que les gens de goût savent approprier aux circonstances. Sous ce rapport, nous conseillons aux esprits stériles de consulter les *Lettres de Montesquieu*. Cet illustre écrivain a déployé une rare souplesse de talent dans la manière dont il termine ses moindres billets, en horreur de l'absurde monographie du : J'ai l'honneur d'être.

Du moment où les gens de la vie élégante représentent les aristocraties naturelles d'un pays, ils se doivent réciproquement les égards de l'égalité la plus complète. Le talent, l'argent et la puissance donnant les mêmes droits, l'homme en apparence faible et dénué auquel vous adressez maladroitement un léger coup de tête sera bientôt au sommet de l'État, et celui que vous saluez obséquieusement va rentrer demain dans le néant de la fortune sans pouvoir.

Jusqu'ici l'ensemble de nos dogmes a plutôt embrassé l'esprit que la forme des choses. Nous avons en quelque sorte présenté l'*esthétique* de la vie élégante. En recherchant les lois générales qui régissent les détails, nous avons été moins étonnés que surpris de découvrir une sorte de similitude entre les vrais principes de l'architecture et ceux qu'il nous reste à tracer. Alors, nous nous sommes demandé si, par hasard, la plupart des objets qui servent à la vie élégante n'étaient pas dans le domaine de l'architecture. Le vêtement, le lit, le coupé, sont des abris de la personne, comme la maison est le grand vêtement qui couvre l'homme et les choses à son usage. Il semble que nous ayons employé tout, jusqu'au langage, comme l'a dit M. de Talleyrand, pour cacher une vie, une pensée qui, malgré nos efforts, traverse tous les voiles.

Sans vouloir donner à cette règle plus d'importance qu'elle n'en mérite, nous consignerons ici quelques-unes de ces règles :

XXXII

L'élégance veut impérieusement que les moyens soient appropriés au but.

De ce principe dérivent deux autres aphorismes qui en sont la conséquence immédiate.

XXXIII

L'homme de goût doit toujours savoir réduire le besoin au simple.

XXXIV

Il faut que chaque chose paraisse ce qu'elle est.

XXXV

La prodigalité des ornements nuit à l'effet.

XXXVI

L'ornement doit être mis en haut.

XXXVII

En toute chose, la multiplicité des couleurs sera de mauvais goût.

Nous ne chercherons pas à démontrer ici par quelques applications la justesse de ces axiomes, car, dans les deux parties suivantes, nous en développerons plus rationnellement les conséquences, en signalant leurs effets à chaque dé tail. Cette observation nous a conduit à retrancher de cette partie les principes généraux qui devaient dominer chacune des divisions subsidiaires de la science, pensant qu'ils seraient mieux placés, en forme de sommaires, au commencement des chapitres dont ils régissent plus spécialement les matières.

Du reste, tous les préceptes que nous avons déjà proclamés, et auxquels nous serons forcés de recourir souvent par la suite, pourront paraître vulgaires à bien des gens.

Nous accepterions au besoin ce reproche comme un éloge. Cependant, malgré la simplicité de ces lois, que plus d'un élégantologiste aurait peut-être mieux rédigées, déduites ou enchaînées, nous n'achèverons pas sans faire observer aux néophytes de la *fashion* que le bon goût ne résulte pas encore tant de la connaissance de ces règles que de leur application. Un homme doit pratiquer cette science avec l'aisance qu'il met à parler sa langue maternelle. Il est dangereux de balbutier dans le monde élégant. N'avez-vous pas souvent vu de ces demi-fashionables qui se fatiguent à courir après la grâce, sont gênés s'ils voient un pli de moins à leur chemise, et suent sang et eau pour arriver à une fausse correction, semblables à ces pauvres Anglais tirant à chaque mot leur *pocket?* Souvenez-vous, pauvres crétins de la vie élégante, que de notre xxxiiie aphorisme résulte es-

sentiellement cet autre principe, votre condam-
nation éternelle :

XXXVIII

L'élégance travaillée est à la véritable élégance
ce qu'est une perruque à des cheveux.

Cette maxime implique, en conséquence sévère, le corollaire suivant :

XXXIX

Le *dandysme* est une hérésie de la vie élégante.

En effet, le dandysme est une affectation de la
mode. En se faisant dandy, une homme devient
un meuble de boudoir, un mannequin extrêmement ingénieux, qui peut se poser sur un cheval ou sur un canapé, qui mord ou tette habi-
tuellement le bout d'une canne, mais un être
pensant... jamais! L'homme qui ne voit que la
mode dans la mode est un sot. La vie élégante
n'exclut ni la pensée ni la science : elle les con-
sacre Elle ne doit pas apprendre seulement à
jouir du temps, mais à l'employer dans un ordre
d'idées extrêmement élevé.

Puisque nous avons, en commençant cette
seconde partie de notre traité, trouvé quelque
similitude entre nos dogmes et ceux du christianisme, nous la terminerons en empruntant à la

théologie des termes scolastiques propres à
exprimer les résultats obtenus par ceux qui savent appliquer nos principes avec plus ou moins
de bonheur.

Un homme nouveau se produit, ses équipages
sont de bon goût ; il reçoit à merveille, ses gens
ne sont pas grossiers ; il donne d'excellents dî-
ners ; il est au courant de la mode, de la politique, des mots nouveaux, des usages éphémères ;
il en crée même ; enfin, chez lui, tout a un caractère de confortabilisme exact. Il est en quelque sorte le *méthodiste* de l'élégance, et marche
à la hauteur du siècle. Ni gracieux, ni déplaisant,
vous ne citerez jamais de lui un mot inconve-
nant, et il ne lui échappe aucun geste de mauvais
ton... N'achevons pas cette peinture, cet homme
a là *grâce suffisante.*

Ne connaissons-nous pas tous un aimable
égoïste qui possède le secret de nous parler de
lui sans trop nous déplaire ? Chez lui, tout est
gracieux, frais, recherché, poétique même. Il se
fait envier. Tout en vous associant à ses jouissan-
ces, à son luxe, il semble craindre votre manque
de fortune. Son obligeance, toute en discours,
est une politesse perfectionnée. Pour lui, l'amitié
n'est qu'un thème dont il connaît admirablement
bien la richesse, et dont il mesure les modula-
tions au diapason de chaque personne.

Sa vie est empreinte d'une personnalité perpétuelle dont il obtient le pardon, grâce à ses

9

manières : artiste avec les artistes, vieux avec un
vieillard, enfant avec les enfants, il séduit sans
plaire, car il nous ment dans son intérêt et nous
amuse par calcul. Il nous garde et nous câline
parce qu'il s'ennuie, et, si nous nous aperce-
vons aujourd'hui que nous avons été joués, demain nous irons encore nous faire tromper...
Cet homme a la *grâce essentielle*.

Mais il est une personne dont la voix harmonieuse imprime au discours un charme également répandu dans ses manières. Elle sait et
parler et se taire, s'occupe de vous avec délicatesse, ne manie que des sujets de conversation
convenables ; ses mots sont heureusement choi-
sis ; son langage est pur, sa raillerie caresse et
sa critique ne blesse pas. Loin de contredire avec
l'ignorante assurance d'un sot, elle semble chercher, en votre compagnie, le bon sens ou la
vérité. Elle ne disserte pas plus qu'elle ne dis-
pute ; elle se plaît à conduire une discussion
qu'elle arrête à propos. D'humeur égale, son air
est affable et riant. Sa politesse n'a rien de forcé,
son empressement n'est point servile ; elle ré-
duit le respect à n'être plus qu'une ombre douce ;
elle ne vous fatigue jamais, et vous laisse satis-
fait d'elle et de vous. Entraîné dans sa sphère
par une puissance inexplicable, vous retrouvez
son esprit de bonne grâce, empreint sur les
choses dont elle s'environne : tout y flatte la vue,
et vous y respirez comme l'air d'une patrie. Dans

l'intimité, cette personne vous séduit par un ton
naïf. Elle est naturelle. Jamais d'effort, de luxe,
d'affiche; ses sentiments sont simplement rendus
parce qu'ils sont vrais. Elle est franche, sans
offenser aucun amour-propre. Elle accepte les
hommes comme Dieu les a faits, pardonnant
aux défauts et aux ridicules; concevant tous les
âges et ne s'irritant de rien, parce qu'elle a le
tact de tout prévoir. Elle oblige avant de conso-
ler; elle est tendre et gaie : aussi l'aimerez-vous
irrésistiblement. Vous la prenez pour type et lui
vouez un culte.

Cette personne a la *grâce divine et concomitante*.

Charles Nodier a su personnifier cet être idéal
dans son ONDET, gracieuse figure à laquelle la
magie du pinceau n'a pas nui. Mais ce n'est rien
de lire la notice : il faut entendre Nodier lui-
même, racontant certaines particularités qui
tiennent trop à la vie privée pour être écrites,
et alors vous concevriez la puissance prestigieuse
de ces créatures privilégiées....

Ce pouvoir magnétique est le grand but de la
vie élégante. Nous devons tous essayer de nous
en emparer, mais la réussite est toujours difficile, car la cause du succès est dans une belle
âme. Heureux ceux qui l'exercent! il est si beau
de voir tout nous sourire, et la nature et les
hommes!...

Maintenant les sommités sont entièrement par-
courues : nous allons nous occuper des détails.

TROISIÈME PARTIE.

DES CHOSES QUI PROCÈDENT IMMÉDIATEMENT DE LA PERSONNE.

———

> — Croyez-vous qu'on puisse être homme de talent sans toutes ces niaiseries?
> — Oui, monsieur, mais vous serez un homme de talent plus ou moins aimable, bien ou mal élevé, répondit elle.
>
> *(Inconnus causant dans un salon.)*

CHAPITRE V.

DE LA TOILETTE DANS TOUTES SES PARTIES.

Nous devons à M. Auger, jeune écrivain dont l'esprit philosophique a donné de graves aspects aux questions les plus frivoles de la mode, une pensée que nous transformerons en axiome :

XL

La toilette est l'expression de la société.

Cette maxime résume toutes nos doctrines et les contient si virtuellement, que rien ne peut plus être dit qui ne soit un développement plus ou moins heureux de ce savant aphorisme.

L'érudit, ou l'homme du monde élégant, qui

voudrait rechercher, à chaque époque, les cos-
tumes d'un peuple, en ferait ainsi l'histoire la
plus pittoresque et la plus nationalement vraie.
Expliquer la longue chevelure des Francs, la
tonsure des moines, les cheveux rasés du serf,
les perruques de Popocambou, la poudre aristocratique et les titus de 1790, ne serait-ce pas
raconter les principales révolutions de notre
pays? Demander l'origine des souliers à la poulaine, des aumônières, des chaperons, de la cocarde, des paniers, des vertugadins, des gants,
des masques, du velours, c'est entraîner un
modilogue dans l'effroyable dédale des lois somp-
tuaires, et sur tous les champs de bataille où la
civilisation a triomphé des mœurs grossières
importées en Europe par la barbarie du moyen
âge. Si l'Église excommunia successivement les
prêtres qui prirent des culottes et ceux qui les
quittèrent pour des pantalons ; si la perruque
des chanoines de Beauvais occupa jadis le parlement de Paris pendant un demi-siècle, c'est
que ces choses, futiles en apparence, représen-
taient ou des idées, ou des intérêts : soit le pied,
soit le buste, soit la tête, vous verrez toujours
un progrès social, un système rétrograde ou
quelque lutte acharnée, se formuler à l'aide
d'une partie quelconque du vêtement. Tantôt la
chaussure annonce un privilége; tantôt le cha-
peron, le bonnet ou le chapeau, signalent une
révolution; là, une broderie ou une écharpe ;

ici, des rubans ou quelque ornement de paille, expriment un parti : et alors vous appartenez aux Croisés, aux Protestants, aux Guises, à la Ligue, au Béarnais ou à la Fronde.

Avez-vous un bonnet vert? vous êtes un homme sans honneur.

Avez-vous une roue jaune, en guise de crachat, à votre surcot? allez, paria de la chrétienté!... Juif, rentre dans ton clapier à l'heure du couvre-feu, où tu seras puni d'un amende.

Ah! jeune fille, tu as des *annets* d'or, des colliers mirifiques et des pendants d'oreilles qui brillent comme tes yeux de feu!... Prends garde! si le sergent de ville t'aperçoit, il te saisira et tu seras emprisonnée pour avoir ainsi *dévallé* par la ville, courant, folle de ton corps, à travers les rues, où tu fais étinceler les yeux des vieillards dont tu ruines les escarcelles !...

Avez-vous les mains blanches?... vous êtes égorgé aux cris de : — Vive Jacques Bonhomme! Mort aux seigneurs!

Avez-vous une croix de Saint-André?... entrez sans crainte à Paris : Jean Sans-Peur y règne.

Portez-vous la cocarde tricolore?... fuyez!... Marseille vous assassinerait, car les derniers canons de Waterloo nous ont craché la mort et les vieux Bourbons!

Pourquoi la toilette serait-elle donc toujours le plus éloquent des styles, si elle n'était pas

réellement tout l'homme, l'homme avec ses
opinions politiques, l'homme avec le texte de
son existence, l'homme hiéroglyphé? Aujour-
d'hui même encore, la *vestignomie* est devenue
presque une branche de l'art créé par Gall et
Lavater. Quoique, maintenant, nous soyons à
peu près tous habillés de la même manière, il
est facile à l'observateur de retrouver dans une
foule, au sein d'une assemblée, au théâtre, à la
promenade, l'homme du Marais, du faubourg
Saint-Germain, du Pays latin, de la Chaussée
d'Antin ; le prolétaire, le propriétaire, le consom-
mateur et le producteur, l'avocat et le militaire,
l'homme qui parle et l'homme qui agit.

Les intendants de nos armées ne reconnais-
sent pas les uniformes de nos régiments avec
plus de promptitude que le physiologiste ne
distingue les livrées imposées à l'homme par le
luxe, par le travail ou la misère.

Dressez là un portemanteau, mettez-y des
habits !... Bien! Pour peu que vous ne vous
soyez pas promené comme un sot qui ne sait
rien voir, vous devinerez le bureaucrate à cette
flétrissure des manches, à cette large raie hori-
zontalement imprimée dans le dos par la chaise
sur laquelle il s'appuie si souvent en pinçant sa
prise de tabac ou en se reposant des fatigues de
la fainéantise. Vous admirerez l'homme d'affaires
dans l'enflure de la poche aux carnets ; le flâ-
neur, dans la dislocation des goussets, où il met

souvent ses mains ; le boutiquier, dans l'ouver-
ture extraordinaire des poches, qui bâillent
toujours, comme pour se plaindre d'être privées
de leurs paquets habituels. Enfin, un collet
plus ou moins propre, poudré, pommadé, usé ;
des boutonnières plus ou moins flétries ; une
basque pendante, la fermeté d'un bougran neuf,
sont les diagnostics infaillibles des profes-
sions, des mœurs ou des habitudes. Voilà l'habit frais du dandy, l'elbeuf du rentier, la redin-
gote courte du courtier marron, le frac à boutons d'or sablé du Lyonnais arriéré, ou le spen-
cer crasseux d'un avare.

Brummel avait donc bien raison de regarder
la TOILETTE comme le point culminant de la vie
élégante : car elle domine les opinions, elle les
détermine, elle règne ! C'est peut-être un malheur, mais ainsi va le monde. Là où il y a
beaucoup de sots, les sottises se perpétuent : et
certes, il faut bien reconnaître alors cette pensée pour axiome :

XLI

L'incurie de la toilette est un suicide moral.

Mais, si la toilette est tout l'homme, elle est
encore bien plus toute la femme. La moindre
incorrection dans une parure peut faire reléguer
une duchesse inconnue dans les derniers rangs
de la société.

En méditant sur l'ensemble des questions graves dont se compose la science du vêtement, nous avons été frappé de la généralité de certains principes qui régissent en quelque sorte tous les pays, et la toilette des hommes aussi bien que celle des femmes; puis nous avons pensé qu'il fallait, pour établir les lois du costume, suivre l'ordre même dans lequel nous nous habillons. Et alors certains faits prédominent l'ensemble : car, de même que l'homme s'habille avant de parler, d'agir, de même il se baigne avant de s'habiller. Les divisions de ce chapitre résultent donc d'observations consciencieuses qui ont ainsi dicté l'ordonnance de la matière vestimentaire :

§ Ier. Principes œcuméniques de la toilette.

§ II. De la propreté dans ses rapports avec la toilette.

§ III. De la toilette des hommes.

§ IV. De la toilette des femmes.

§ V. Des variations du costume, et résumé du chapitre.

§ Ier.

PRINCIPES ŒCUMÉNIQUES DE LA TOILETTE.

Les gens qui s'habillent à la manière du manou-
vrier, dont le corps endosse quotidiennement,
et avec insouciance, la même enveloppe, toujours
crasseuse et puante, sont aussi nombreux que
ces niais allant dans le monde pour n'y rien
voir, mourant sans avoir vécu, ne connaissant
ni la valeur d'un mets ni la puissance des femmes, ne disant ni un bon mot ni une sottise.
Mais, « *mon Dieu, pardonnez-leur, car ils ne
savent ce qu'ils font !* »

S'il s'agit de les convertir à l'élégance, pour-
ront-ils jamais comprendre ces axiomes fondamentaux de toutes nos connaissances ?

XLII

La brute se couvre, le riche ou le sot se pare,
l'homme élégant s'habille.

XLIII

La toilette est, tout à la fois, une science, un
art, une habitude, un sentiment.

En effet, quelle est la femme de quarante ans qui ne reconnaîtra pas une science profonde dans la toilette? N'avouez-vous pas qu'il ne saurait exister de grâce dans le vêtement, si vous n'êtes accoutumé à le porter? Y a-t-il rien de plus ridicule que la grisette en robe de cour? Et quant au sentiment de la toilette, combien, par le monde, compterez-vous de dévotes, de femmes et d'hommes auxquels sont prodigués l'or, les étoffes, les soieries, les créations les plus merveilleuses du luxe, et qui s'en servent pour se donner l'air d'une idole japonaise! De là suit un aphorisme également vrai, que même les coquettes émérites et les professeurs de séduction doivent toujours étudier :

XLIV

La toilette ne consiste pas tant dans le vêtement que dans une certaine manière de le porter.

Aussi n'est-ce pas tant le chiffon en lui-même, que l'esprit du chiffon, qu'il faut saisir. Il existe au fond des provinces, et même à Paris, un bon nombre de personnes capables de commettre, en fait de modes nouvelles, l'erreur de cette duchesse espagnole qui, recevant une précieuse cuvette de structure inconnue, crut, après bien des méditations, entrevoir que sa forme la destinait à paraître sur la table, et offrit aux regards des convives une daube truffée, n'alliant pas des idées de propreté avec la porcelaine dorée de ce meuble nécessaire.

Aujourd'hui nos mœurs ont tellement modifié le costume, qu'il n'y a plus de costume à proprement parler. Toutes les familles européennes ont adopté le drap, parce que les grands seigneurs, comme le peuple, ont compris instinctivement cette grande vérité : il vaut beaucoup mieux porter des draps fins, et avoir des chevaux, que de semer sur un habillement les pierreries du moyen âge et de la monarchie absolue. Alors, réduite à la toilette, l'élégance consiste en une extrême recherche dans les détails de l'habillement : c'est moins la simplicité du luxe qu'un luxe de simplicité. Il y a bien une autre élégance; mais elle n'est que la vanité dans la toilette. Elle pousse certaines femmes à porter des étoffes bizarres pour se faire remarquer ; à se servir d'agrafes en diamants pour attacher un nœud ; à mettre une boucle brillante dans la coque d'un ruban, de même que certains martyrs de la mode, gens à cent louis de rentes, habitant une mansarde et voulant *se mettre dans le dernier genre*, ont des pierres à leurs chemises le matin, attachent leurs pantalons avec des boutons d'or, retiennent leurs fastueux lorgnons par des chaînes, et vont dîner chez Tabar !... Combien de ces Tantales parisiens ignorent, volontairement peut-être, cet axiome :

XLV

La toilette ne doit jamais être un luxe.

Beaucoup de personnes, même de celles auxquelles nous avons reconnu quelque distinction dans les idées, de l'instruction et de la supériorité de cœur, savent difficilement connaître le point d'intersection qui sépare la toilette de pied et la toilette de voiture!...

Quel plaisir ineffable, pour l'observateur, pour le connaisseur, de rencontrer par les rues de Paris, sur les boulevards, ces femmes de génie qui, après avoir signé leur nom, leur rang, leur fortune, dans le sentiment de leur toilette, ne paraissent rien aux yeux du vulgaire, et sont tout un poëme pour les artistes, pour les gens du monde occupés à flâner! C'est un accord parfait entre la couleur du vêtement et les dessins; c'est un fini dans les agréments qui révèle la main industrieuse d'une adroite femme de chambre. Ces hautes puissances féminines savent merveilleusement bien se conformer à l'humble rôle du piéton, parce qu'elles ont maintes fois expérimenté les hardiesses autorisées par un équipage, car il n'y a que les gens habitués au luxe du carrosse qui savent se vêtir pour aller à pied.

C'est à l'une de ces ravissantes déesses parisiennes que nous devons les deux formules suivantes :

XLVI

L'équipage est un passe-port pour tout ce qu'une femme veut oser.

XLVII

Le fantassin a toujours à lutter contre un pré-jugé.

D'où il suit que l'axiome suivant doit, avant tout, régler les toilettes des prosaïques piétons :

XLVIII

Tout ce qui vise à l'effet est de mauvais goût, comme tout ce qui est tumultueux.

Brummel a du reste laissé la maxime la plus admirable sur cette matière, et l'assentiment de l'Angleterre l'a consacrée :

XLIX

Si le peuple vous regarde avec attention, vous n'êtes pas bien mis : vous êtes trop bien mis, trop empesé, ou trop recherché.

D'après cette immortelle sentence, tout fan-tassin doit passer inaperçu. Son triomphe est d'être à la fois vulgaire et distingué, reconnu par les siens et méconnu par la foule. Si Murat s'est fait nommer le roi Franconi, jugez de la sé-vérité avec laquelle le monde poursuit un fat !

11

Il tombe au-dessous du ridicule. Le trop de recherche est peut-être un plus grand vice que le
manque de soin, et l'axiome suivant fera fré-
mir sans doute les femmes à prétention :

I.

Dépasser la mode, c'est devenir caricature.

Maintenant il nous reste à détruire la plus
grave de toutes les erreurs qu'une fausse expé-
rience accrédite chez les esprits peu accoutu-
més à réfléchir ou à observer, mais nous donnerons despotiquement et sans commentaires
notre arrêt souverain, laissant aux femmes de
bon goût et aux philosophes de salon le soin de
le discuter.

LI

Le vêtement est comme un enduit, il met tout
en relief, et la toilette a été inventée bien plutôt pour faire ressortir des avantages corporels
que pour voiler des imperfections.

D'où suit ce corollaire naturel :

LII

Tout ce qu'une toilette cherche à cacher, dis-
simuler, augmenter et grossir plus que la nature
ou la mode ne l'ordonne ou ne le veut, est toujours censé vicieux.

Aussi toute mode qui a pour but un mensonge est essentiellement passagère et de mauvais goût.

D'après ces principes, dérivés d'une jurisprudence exacte, basés sur l'observation, et dus au calcul le plus sévère de l'amour-propre humain ou féminin, il est clair qu'une femme mal faite, déjetée, bossue ou boiteuse, doit essayer, par politesse, de diminuer les défauts de sa taille; mais elle serait moins qu'une femme, si elle s'imaginait produire la plus légère illusion. Mademoiselle de la Vallière boitait avec grâce, et plus d'une bossue sait prendre sa revanche par les charmes de l'esprit ou par les éblouissantes richesses d'un cœur passionné. Nous ne savons pas quand les femmes comprendront qu'un défaut leur donne d'immenses avantages!...... L'homme ou la femme parfaits sont les êtres les plus nuls.

Nous terminerons ces réflexions préliminaires, applicables à tous les pays, par un axiome qui peut se passer de commentaires :

LIII

Une déchirure est un malheur, une tache est un vice.

FIN.

TABLE

OEUVRES NOUVELLES

DE

GAVARNI

MAGNIFIQUE COLLECTION D'ALBUMS LITHOGRAPHIÉS.

Paris appartient par excellence à Gavarni : c'est sa chose, son domaine : — il en connaît à fond tous les ridicules, toutes les petitesses, tous les mensonges : — il sait ce que valent ses joies et ses douleurs : — il déshabille ses élégances et montre à nu ses vanités. Folles filles, faux gentilshommes, gens du bel air, bourgeois et bourgeoises, vieux recrépis, vieillards précoces, splendeur et misère, pile et face, tout lui est familier, tout est à lui ! Il fait rayonner la jeunesse, pétiller l'esprit, éclater l'opulence, de cette même main, souple et sûre, qui n'hésitera pas tout à l'heure devant les plus hideuses réalités. Et, ce qui étonne le plus dans cette œuvre

12

brillante, dans cette improvisation de chaque jour, c'est la merveilleuse variété de ses types : — pas une répétition, pas un lieu commun, pas un vulgarisme ; — rien qui ne soit un caractère, un tempérament, ou l'une des mille nuances de l'âge, de la fortune, des conditions sociales de ses personnages. Je défie l'épicier le plus vulgaire de prendre pour une grande dame cette lorette hautaine, malgré sa toilette exquise, ses grands airs, ses cachemires et son laquais galonné. Vous reconnaissez d'emblée le monsieur qui a vingt mille livres de rentes et le cuistre qui singe le gentilhomme avec deux cents francs par mois.

Voilà ce qui fait la profonde originalité de Gavarni, ce qui donne à ses œuvres un cachet si personnel, ce qui le place si haut et tout à fait à part, ce qui défie la concurrence, décourage les imitateurs, et les condamne au débardeur à perpétuité.

Le MANTEAU D'ARLEQUIN, l'ÉCOLE DES PIERROTS et la FOIRE AUX AMOURS, relient, en quelque sorte, l'*ancien* Gavarni au nouveau. C'est le dernier chant de cette joyeuse épopée carnavalesque qui fit sa fortune : mais déjà on pressent l'homme qui va nous occuper tout entier. L'observation s'est étendue, la raillerie est plus vive, et sa morale narquoise fait pressentir la satire. Nous entrons de plain-pied dans cette vie parisienne, que personne ne put encore écrire, et dont il a fixé mille aspects au vol du crayon.

Feuilletez la série des PARTAGEUSES ; voici, en quelques tableaux, ce monde étrange des femmes *élégantes*, avec ses misères, ses insolences, ses prodigalités et ses retours amers ; quels enseignements et quelle ironie !

Vêtue d'une robe de grisette, dans sa petite chambre au septième étage, les pieds sur sa chaufferette, Paméla, Célestine ou Zoé, — celle qu'il vous plaira, — songe assise, la tête dans ses mains. C'est son « *dernier jour de mansarde,* » demain elle aura quitté cette humble retraite, que sa gaieté rendait joyeuse ; demain elle aura des robes magnifiques, un coupé élégant, trois domestiques, un appartement somptueux, un hôtel peut-être!... Quel rêve!... Ce n'est point un rêve : le *Protecteur*, homme grave et mûr, a donné des ordres en conséquence, et demain est venu, et le rêve est réalisé. Voyons maintenant les personnages du drame.

Voici le *père*, un bonhomme vulgaire et bête, cocher de fiacre, portier ou petit marchand, probe peut-être, mais sans grand sens moral ; — la *mère*, sèche, avide, et prête à toutes les complicités ; — le *frère*, petit misérable, paresseux et glouton, enchanté de fumer pour rien de vrais panatelas, et qui se fera tout au plus marchand de contre-marques. Voici *Arthur*, — saluons-le — il dure tout le temps de la pièce ; — il était avant, il sera pendant, et peut-être après, — ceci est plus rare.

Paméla se jette à corps perdu dans cette vie dévorante, s'étourdit, s'enivre, se gorge et gaspille ; — petit à petit, elle perd tout ce qui lui restait de bonnes qualités, et elle devient d'une *facilité* effrayante. Le protecteur en voit de belles ! Un soir, il arrive à l'improviste et la surprend en tête à tête avec l'*Oiseau de passage*, — un beau garçon, chevelu, étranger, poëte ou peintre. Il se fâche, mais Paméla, qui n'est plus timide dès longtemps, crie plus fort que lui : « *Plus je te vois, plus je l'aime!* » et l'homme au gros ventre, aux breloques retentissantes, de répondre avec une ironie accablante : « *Ne plus m'aimer, Paméla? mais c'est un luxe que vos moyens ne vous permettent pas!* »

Il est rare que Paméla ne réfléchisse pas à ces cruelles paroles. Selon qu'elle sait le faible des gens, elle redevient souple, soumise, câline, ou redouble d'insolence et de dureté. Elle grattera le front du vieux corrompu, et lui dira avec tendresse : « *Et vous, garnement, si l'on vous redemandait toutes les illusions qu'on vous a données ?* » Elle niera avec aplomb, la main dans le sac, et criera hardiment : « *J'ai la charité, monsieur le marquis, ayez la foi!* » Elle s'en tirera toujours, soyez-en sûr ; et le soir, chez une *amie intime*, étendue sur un divan, au milieu des rires et de la fumée des cigares, elle dira : « *Ma chère, les hommes... c'est farce!... toujours*

la même chanson!... une femme à soi seul !... toqués !... to-
qués !... »

Ainsi va-t-elle, — qui peut dire combien de temps ? — Les
années passent, le cœur se dessèche, la cupidité seule grandit,
et, quand une *novice* la prendra pour confidente de ses premières amours, elle répondra, comme un vieux sceptique
qu'elle est devenue : « *Ah! je te prie de croire que l'homme
qui me rendra rêveuse pourra se vanter d'être un fameux la-
pin! »*

Mais voici le moment terrible, inévitable : — Paméla passe
de mode, ses cheveux s'éclaircissent, elle a deux dents fauss-
ses, et sa maison est lourde : « *A h !* dit-elle, *si j'avais un cheval de moins ! — Ou un gentilhomme de plus !* » dit Arthur.
Elle vend le cheval, cherche en vain le gentilhomme ; et de
chute en chute, de désastre en désastre, de ruine en ruine,
la voilà passée à l'état de LORETTE VIEILLIE.

Personne ne sait ce que deviennent ces femmes brillantes,
enviées, dont tout le monde a répété le nom et qui disparaissent un beau jour comme elles sont venues. Gavarni s'en est
inquiété ; il a voulu savoir, et il sait.

Aussi n'a-t-il garde de les marier avec le marguillier tradi-
tionnel ou le conseiller de préfecture inventés par les vaude-
villistes en quête d'un dénoûment. Il écrit une histoire vraie,
où la fantaisie n'a rien à voir. C'est un réaliste que le réalisme
n'effraye pas, quelque repoussant qu'il puisse être.

Flétrie, ravagée, demi-nue, se drapant encore, par un reste
d'habitude, dans ses haillons hideux, la *lorette vieillie* se la-
mente, accroupie sur ses talons. « *Les poëtes, de mon temps,
m'ont couronnée de roses, et, ce matin, je n'ai pas eu ma goutte...
et pas de tabac pour mon pauvre nez !* » — « *Mon dernier ca-
price m'a cassé trois dents !* » — « *Et plus rien à mettre au
clou !* »

Il faut prendre un parti cependant, faire quelque chose, se
créer une industrie, à peine de mourir de faim. Que choisira
la malheureuse? Un de ces mille métiers sans nom qui pul-
lulent dans Paris. Si elle échappe au proxénétisme avoué, elle

fera des ménages de garçons, tripotera dans une gargote de
cochers, tirera les cartes, vendra des *chimiques*, ou bien, une
boîte à son bras, courra la ville en chantant tristement : « *A
présent je vends du plaisir... pour les dames !* » Et encore,
celles-là sont les courageuses ! Combien tomberont plus bas !
Combien vivront de vol ou de mendicité ! « *Mon charitable
monsieur, que Dieu garde vos fils de mes filles !* » Et combien
de ces pauvresses, qui, à la porte des églises les jours de fête,
ou des grands hôtels les soirs de gala, se pressent pour voir
passer les belles dames en implorant une aumône, pourraient
dire avec la même amertume que Paméla sexagénaire : « *J'ai
eu ma loge à l'Opéra !* »

C'est ici que le contraste avec la *première manière* est le
plus frappant. Ces études hardies de la misère et du vice dans
leurs profondeurs abjectes, ce soin, cette recherche, qui prou-
vent une observation patiente et obstinée, étonnent tout d'a-
bord ceux qui viennent de parcourir les pages élégantes et
légèrement railleuses sur lesquelles nous nous sommes un
moment arrêté. Thomas Vireloque, c'est le scepticisme en
guenilles, l'ironie en haillons, le désenchantement sarcasti-
que, le persiflage amer de toutes les vanités humaines. Il est
vieux, il est pauvre, il est borgne, boiteux peut-être, et n'a
pas l'air d'y prendre garde ; il vit sans rien faire, et a, dès
longtemps, renoncé au combat de la vie. Sans ambition, sans
croyance, appuyé sur son bâton, il regarde passer le monde
avec une gaieté de croque-mort qui sait ce que valent les
larmes, et qui peut dire à jour fixe quand finissent les douleurs éternelles. « *L'homme est le chef-d'œuvre de la créa-
tion !* » lui dit un réformateur quelconque. « *Qui a dit ça ?...
l'homme !* » répond Vireloque. — S'il rencontre un ivrogne
cuvant son vin dans le ruisseau, ce railleur étrange le regar-
dera avec complaisance et montrera aux gens qui passent « *Sa
Majesté le roi des animaux !* » — Des gamins se battent pour
une toupie : « *Misère et corde ! jeune enfance !* dit Vireloque
tout réjoui, *c'est déjà des histoires pour des toupies !* » Il rencontre des collégiens en promenade, il leur parle, il les ques-

tionne, puis, à son tour, il les enseigne : « *L'histoire ancienne,
mes agneaux, c'est mangeux et mangés : — blagueux et bla-
gués, c'est la nouvelle!* — Passe une vache, qui le regarde de
son grand œil hébété : « *Belle créature!* dit Vireloque, *et
pas de corset!* » Et ainsi de suite, tant qu'il chemine.

Thomas Vireloque rappelle les funèbres peintures du moyen
âge, où la Mort acharnée montre sa tête hideuse partout où
s'épanouissent l'amour, la jeunesse et la beauté, — la Mort de
la danse macabre, qui mène en ricanant la ronde symbolique
des rois, des empereurs, des papes, des abbés, c'est-à-dire
des puissants et des riches de la terre. C'est une œuvre toute
philosophique, d'une manière violente et heurtée, d'une tris-
tesse profonde et d'une profonde amertume.

Nous voici revenus dans le Paris des boulevards, des théâ-
tres, des artistes, source inépuisable où Gavarni ne se lasse
pas de puiser. Les Maris le font toujours rire, et il a raison ;
écoutez plutôt: « *Mon cher, votre femme est charmante. — Mon
cher, la vôtre est mieux!* » Je regrette de ne signaler que cette
esquisse en courant ; la série des Parents terribles est extrêmement remarquable ; le Piano est convenablement flagellé et
expie les fadeurs qu'il accompagna de tout temps. J'ai déjà
dépassé le cadre qu'on m'avait réservé ; mais je ne puis re-
noncer cependant à signaler le « *Dîner d'un protecteur des
animaux,* » dans les Anglais chez eux, et, dans l'Histoire d'en
dire deux, ce superbe cancan chez la portière : « *Voyons,
madame Majesté, entre nous, est-ce que mosieur, si se respec-
tait, n'aurait pas dû fiche une volée à madame?* »

Une autre fois, si l'occasion nous en est offerte, nous com-
pléterons cette étude trop rapide d'une œuvre en tout point
si sérieuse et vraiment unique, et nous verrons en détail Ce
qui se fait dans les meilleures sociétés, comment les Petits
mordent, et la Manière de voir des voyageurs.

(Extrait de l'Introduction par M. Henri de la Madelène.)

Les ŒUVRES NOUVELLES DE GAVARNI sont réunies en Albums de DIX lithographies, formant séries, imprimées avec le plus grand soin par Lemercier, sur 1/4 colombier vélin.

LES SÉRIES SUIVANTES SONT EN VENTE :

PRIX DE CHAQUE ALBUM : 5 fr.

En Vente a la Librairie Nouvelle, Boulevard des Italiens, 15.

PARIS. — IMP. SIMON RAÇON  ET COMP. RUE D'ERFURTH.

www.ingramcontent.com/pod-product-compliance
Lightning Source LLC
Chambersburg PA
CBHW060436260626
47161CB00005B/1948